Marga Spiegel

BAUERN ALS RETTER

Wie eine jüdische Familie überlebte

Mit einem Vorwort von
Veronica Ferres

LIT

Bildnachweis: Filmbilder mit freundlicher Genehmigung
der Pandora Film Produktion

Bibliografische Information der Deutschen Nationalbibliothek
Die Deutsche Nationalbibliothek verzeichnet diese Publikation in der Deutschen Nationalbibliografie; detaillierte bibliografische Daten sind im Internet über http://dnb.d-nb.de abrufbar.

ISBN 978-3-8258-0942-3

Verlagskontakt:
Fresnostr. 2 D-48159 Münster
Tel. +49 (0) 2 51-620 32 22 Fax +49 (0) 2 51-922 60 99
e-Mail: lit@lit-verlag.de http://www.lit-verlag.de

Auslieferung:
Deutschland: LIT Verlag Fresnostr. 2, D-48159 Münster
Tel. +49 (0) 2 51-620 32 22, Fax +49 (0) 2 51-922 60 99, e-Mail: vertrieb@lit-verlag.de

Inhalt

Vorwort

Veronica Ferres

Es waren vier Zeilen in einer Pressemitteilung. Vier kurzgefasste Sätze, die vieles für mich verändert haben. Vier Zeilen, die davon kündeten, dass die Biografie von Marga Spiegel verfilmt werden soll: Die Geschichte der Familie Spiegel aus Ahlen und die Geschichte von fünf Bauernfamilien der umliegenden Dörfer. Eine einmalige Geschichte, die das Leben geschrieben hat – das Leben und zum Glück nicht der Tod, der zur Zeit des Holocausts so viele Geschichten geschrieben hat. Vier Zeilen, die mich nicht mehr losließen und mich die gesamte Geschichte von „Bauern als Retter" in mich aufsaugen ließen.

Fast zwei Jahre später stand ich vor der Kamera von Regisseur Ludi Boeken bei der Verfilmung dieses einmaligen Beispiels von Mut, Zivilcourage und bewahrtem Leben, das in diesem Buch niedergeschrieben ist. Die internationale Filmproduktion im Sommer 2008, die Wochen an den Originalschauplätzen in Westfalen, die wir für den Dreh nutzen konnten, sind für mich unvergesslich. Selten habe ich an einem multi-kulturellen Set eine so unkomplizierte und herzliche Atmosphäre erlebt. Jeder von uns hatte das Gefühl bei etwas „Besonderem" dabei sein zu dürfen.

Einzigartig war diese Atmosphäre aber vor allem, da Marga Spiegel uns bei den Dreharbeiten besuchte und uns begleitete. Für mich, die ich die große Ehre und Aufgabe hatte, Marga Spiegel darstellen zu dürfen, waren dies mit nichts aufzuwiegende wertvolle Momente. Gibt es ein größeres Glück für einen Schauspieler, als die original historische Figur befragen und erleben zu können, sie schätzen zu lernen und ein Zeugnis der Geschichte erzählt zu bekommen?

Marga Spiegel hat mir viel erzählt und die Begegnungen mit ihr haben mich verändert. So wie ich hoffe, dass ihr Buch vieles verändern wird ... Ihre wachen Augen beim Erzählen des Erlebten, ihre Aufmerksamkeit beim Zuhören meiner Fragen, ihre Wärme beim Umgang mit Menschen und der unermessliche Schatz ihrer Lebenserfahrung – all dies empfinde ich als große Bereicherung. Dass ich Marga Spiegel kennenlernen durfte und somit direkt von ihr, einer Zeitzeugin, soviel über die Wesenszüge der Menschen der damaligen Zeit erfahren durfte, erfüllt mich sehr.

Ihr Buch verewigt für uns alle die außergewöhnliche Geschichte der Rettung einer Familie im Dritten Reich. Durch den Mut der Bauern, der einfachen Leute, wird unseren Kindern und nachfolgenden Generationen ein Beispiel an Zivilcourage, Überzeugung und Hilfsbereitschaft vorgelebt, das prägend und vorbildhaft sein sollte, von dem wir lernen sollten. Die Bauernfamilien und die Familie Spiegel sind Menschen, die wir brauchen, um dies zu schaffen.

Aus einem Brief vom 22.09.2008 von Marga Spiegel an mich:

„Dein Christus ein Jude, Dein Auto ein Japaner, Deine Pizza italienisch, Deine Demokratie griechisch, Dein Kaffee brasilianisch, Dein Urlaub türkisch, Deine Zahlen arabisch, Deine Schrift lateinisch, Und Dein Nachbar nur ein Ausländer

Menschen begegnen uns – und begleiten uns eine Weile. Andere bleiben für immer, denn sie tragen ihre Spuren in unserem Herzen ... Du weißt in Deinem Innersten ganz wohl, dass es nur einen einzigen Zauber, eine einzige Kraft, eine einzige Erlösung und ein einziges Glück gibt, und dass es lieben heisst."

Veronica Ferres

Vorwort

Marga Spiegel

Vor gut 50 Jahren schrieb ich die Geschichte der Rettung meiner Familie auf. Sie liegt nun fast 70 Jahre zurück. Es ist mir eine besondere Freude, meinen Text zusammen mit dem Film vor mir zu sehen. Ich freue mich über den wunderbaren Film mit wunderbaren Schauspielern. Ich danke Ihnen allen, besonders hat mich Veronica Ferres berührt, die mich in dem Film spielt.

Zwei „Helden" kann ich hervorheben: Als Ersten meinen Mann mit seiner Vision, bei Bauern unterzutauchen.

Als Zweiten den Bauern Hubert Pentrup (er steht hier für alle fünf Bauernfamilien), der meinem Mann eindeutig zusagt: „Du musst da nicht hingehen, du kannst zu mir. Ich versteck dich!" Dieser Lichtblick in finsterer Nacht hat mich zusammen mit unserer Tochter und meinem Mann zweieinhalb Jahre im Untergrund leben lassen. Diese Zusage ohne Bedingungen hat Hoffnung gegeben in Baracken und Dachböden und die Kraft, mein Kind, die kleine Karin – die 2005 an Krebs verstorben ist! – so klar zu instruieren, dass sie beim offenen Verstecken ihre „Rolle" spielt und durchhält. Ich bewundere im Nachhinein ihre Stärke – und ich hätte nicht die Nerven gehabt, wie diese Bauernfamilien, die uns 27 Monate bei sich hielten. Ihre gelebte Zusage veränderte mein/unser Leben und rettete mich in schweren Stunden vor der Verzweiflung. Ich bin den Bauernfamilien – allen! – bis heute freundschaftlich verbunden.

Mir ist es ein besonderes Anliegen, die Erinnerung wachzuhalten. Denn wohlgemerkt: Es waren keine Nacht-

Karin, die Tochter von Marga Spiegel, ca. 1946

und Nebelaktionen gegen Juden, sondern alles geschah am hellen Tag. Knapp 400 Münsterländer Juden wurden am 13. Dezember 1941 durch Münster zum Güterbahnhof getrieben, von dort ging es weiter nach Riga ins Todeslager. Kein Anwohner hat gerufen „Hallo! Aufhören!". Keiner hat sich in den Weg gestellt, auch nicht Bischof von Galen. – Aber: Man hat sich doch gekannt. Das sieht man an den Stolpersteinen: Die Juden lebten in der Mitte der Gesellschaft. Durch Vorträge und Diskussionen, besonders in Schulen, habe ich in der Vergangenheit versucht, etwas gegen das Vergessen beizutragen. Gerne habe ich deshalb der Aufnahme eines Berichts von Schülern zugestimmt, die sich mit der Rettung meiner Familie und insbesondere den Rettern beschäftigt haben.

Ich habe meinen Text noch einmal angesehen. Natürlich kommen mir dabei viele Gedanken. Einige habe ich in einem Nachwort zusammengefasst. Sie sind besser zu verstehen, wenn man meinen Text kennt. Natürlich gebe ich nur meinen Eindruck und meine Erlebnisse wieder. Ich bin keine Zeithistorikerin, ich bin nur eine Zeitzeugin.

Ich möchte das Buch und den Film als Mahnung zur Wachsamkeit verstehen: Wehret den Anfängen! Ja, Zivilcourage ist möglich!

Marga Spiegel
Münster im August 2009

I

Marga Spiegel
Bauern als Retter

Elternhaus Marga Spiegels, geb. Rothschild, in Oberaula um 1914, oben die Großeltern, die Mutter rechts im Fenster, ganz vorne Marga Spiegel

1. Stimmungswechsel

1933 kamen Hitler und seine Nationalsozialisten an die Macht. Wir lebten damals in einem kleinen Dorf in Nordhessen. Schon bald bekamen wir die Judenfeindlichkeit zu spüren.

Wir waren bis dahin Nachbarn unter Nachbarn. Wir sprachen mit ihnen. Wir tauschten ein paar Worte über das Wetter aus oder über die Ferien.

Und dann eines Tages grüßten sie nicht mehr. Etwas später noch trugen sie das Parteiabzeichen am Revers. Einige sahen wir mit braunen und schwarzen Hemden. Nun ja, es war ein wenig unbehaglich, aber eine wirkliche Gefahr schien uns davon nicht zu drohen. Es waren doch anständige Menschen, unsere Nachbarn, die Goethe und Schiller auch im Bücherschrank stehen hatten, genau wie wir. Natürlich konnten wir nachts die Sturmtrupps hören, wenn sie im Gleichschritt durch die Straßen marschierten und laut ihre Lieder gröhlten, etwa: „Wenn das Judenblut vom Messer spritzt“. Aber solche Typen konnte man doch eigentlich gar nicht ernst nehmen. Unsere kultivierten Nachbarn würden doch dies pöbelhafte Treiben schon bald unterbinden. Mein Großvater war im Krieg 1870/71 Soldat gewesen, mein Vater hatte im Ersten Weltkrieg 1914-1918 vier Jahre für sein Vaterland gekämpft. Und er sagte: „Ach, dieses Pack. Die haben doch schon bald abgewirtschaftet!“. Hätten wir damals schon Böses ahnen können?

Die erste Ausgrenzung ist mir noch gut in Erinnerung. Ich war ein junges Mädchen. Da hörte ich zum ersten Mal, dass die Schärpen für das Schützenfest im Manufakturenwarengeschäft meiner Eltern nicht mehr gekauft werden durften. Unser Geschäft wurde boykottiert, weil wir Juden waren. Ich spürte damals schon die Erniedrigung.

Annoncen Oberaulaer Geschäftsleute in der Weimarer Republik (1919; 1930)

Da war noch etwas, was mich seltsam berührte, nur ein kleines Ereignis. Es gab einen Heimatverein, in dem meine Eltern auch Mitglieder waren, den Wander-Gebirgsverein, dem der Dorfapotheker Pistor vorstand. Meine Mutter hatte eine Ader zum Dichten. Sie konnte sehr gut vortragen, Geschichten in Reime setzen oder auch Lieder. Ich weiß es noch ganz genau, weil ich bei dem Gespräch zugegen war: meine Mutter sagte zu meinem Vater, man hätte sie benachrichtigt, dass sie nicht mehr Mitglied dieses Vereins sein könnte. Ich sehe noch die Blicke, die sie miteinander tauschten. Es waren traurige Zeichen, die nichts Gutes ahnen ließen.

Im Jahre 1933 kam es zu einem Überfall auf einen armen jüdischen Händler, der sich mit Pferd und Wagen auf den Weg zu einem Nachbardorf gemacht hatte. Die Familie wohnte uns genau gegenüber. Seine Frau kam abends zu uns und weinte, weil es dunkel wurde und der Mann noch nicht zurück war. Da machten sich ein paar von den jüngeren jüdischen Männern auf, um den Weg abzusuchen. Die Frau wusste, wo ihr Mann hausieren ging, wo er hingefahren war. Und sie fanden ihn blutüberströmt in einem Straßengraben. Das Pferd hat sich, seinem Herrn getreu, ruhig verhalten und ist an seiner Seite stundenlang mit dem Wagen stehen geblieben. Man hat ihn dann mit dem Pferdewagen zurückgebracht. Er war zerschlagen und krank.

Ein anderer Vorfall, der mir noch gut in Erinnerung ist, war der des jüdischen Gastwirts aus unserem Dorf. Sein Lokal lag genau gegenüber dem Lindenplatz, auf dem Jahrmärkte, die Kirmes und Tanzveranstaltungen stattfanden, eine ganz zentrale Stelle also. Es war eine jüdische Gaststätte, in der auch Nichtjuden mit ihren Mitbürgern ihr Bier oder ihr Gläschen Schnaps tranken. Eines Tages wurde er verhaftet. Man wusste und sprach damals schon von Konzentrationslagern, in denen Menschen gefangen gehalten, gefoltert und ermordet wurden. Er ist nie mehr zurückgekommen. Niemand hat jemals erfahren, warum er verhaftet und wohin er gebracht wurde. Es wurde ihm nie eine Schuld nachgewiesen.

Sein Sohn kam später als Soldat nach Deutschland. Ich habe ihn gesprochen. Er forschte nach seinem Vater. Er hatte damit keinen Erfolg. War das der erste Tote unter den jüdischen Menschen in unserem Dorf, der keines natürlichen Todes gestorben ist?

1. April 1933, antisemitischer Boykott der NSDAP vor dem Eingang des Warenhauses Tietz in Berlin

Mein Vater kommt in Schutzhaft

Kurz darauf – es muss im Jahre 1934 gewesen sein – wurde mein Vater, der als Geschäftsmann ein angesehener Mitbürger war, einfach in Schutzhaft genommen, das heißt, er wurde willkürlich verhaftet. Man nannte das damals Schutzhaft, um die Menschen, was natürlich paradox war, vor Übergriffen von Nationalsozialisten zu schützen. Er kam nach Marburg. Ich weiß, dass wir nach Monaten, nachdem meine Mutter, deren Herz damals schon sehr schwer geschädigt war, persönlich bei der zuständigen Stelle vorgesprochen hatte, eine Besuchserlaubnis bekamen. Ich fuhr mit meiner Mutter nach Marburg.

Gäste bei der Goldenen Hochzeit der Großeltern Marga Spiegels 1931

Wir sprachen mit meinem Vater unter Aufsicht von Beamten. Es war fürchterlich. Er hatte Anstaltskleidung an, und man konnte sich nur über belanglose Sachen unterhalten. Mein Vater hatte damals schon beträchtlich abgenommen. Er konnte im Beisein dieser Beamten nichts erzählen, aber die Blicke sagten mir und vor allen Dingen meiner Mutter genug. Damals gab es noch ein Gesetz, demzufolge man Personen nur bis zu sechs Monaten in „Schutzhaft" halten konnte. Ich weiß, dass er einige Tage, bevor dieses halbe Jahr um war, wieder zu uns kam. Er sprach sehr wenig über diese Zeit. Als ich meine Mutter einmal danach fragte, gab sie mir zur Antwort, dass es besser sei, wenn ich sie nicht fragte. Sie und mein Vater könnten nicht darüber sprechen. Es wäre am besten, wenn ich gar nichts wüsste.

Mein Vater war nur kurze Zeit bei uns. Dann geschah etwas, das ich niemals vergessen werde. Vier Männer in brauner SA-Uniform, die ich bis dahin noch nie so zu viert in einer Gruppe gesehen hatte, kamen zu uns zusammen mit zwei anderen Männern, deren Namen ich nicht nennen möchte. Es waren Bauunternehmer, die immer bei uns Baumaterial gekauft hatten. Es war üblich, dass sie neue Sachen kauften und diese sich in Rechnung stellen ließen, noch bevor die vorhergehende Rechnung vollständig bezahlt war. Gerade diese Männer gehörten zu den ersten Leuten, die sich um die NSDAP geschart hatten. Sie kamen mit diesen SA-Männern zu uns und verlangten von meinem Vater unter Drohung, dass er ihnen die Rechnungen, die offenstanden, quittierte. Selbstverständlich tat das mein Vater, weil er gar keine andere Wahl hatte. Trotzdem wurde er einige Wochen später zum zweiten Mal in Schutzhaft genommen und kam wieder nach Marburg.

Die Schatten werden länger

Die ganze Zeit zu Hause war schon sehr bedrückend. Meine Großeltern – an dieses Ereignis kann ich mich sehr gut erinnern – feierten goldene Hochzeit.

Normalerweise wäre dies damals in einem solchen Dorf wie Oberaula ein Fest für fast alle Einwohner gewesen. Ich kann mich entsinnen, dass die ganze große Verwandtschaft – Cousins, Vettern und die eigenen Geschwister, sieben Geschwister meines Vaters mit Familien und Kindern – dass wir ganz leise waren, dass wir das Fest so ruhig begingen, um niemanden wissen zu lassen, dass wir eine Feier machten, um niemandem einen Grund zur Beschwerde zu geben. Die Stimmung war einer goldenen Hochzeit nicht angemessen. Jeder wusste, dass nichts Gutes auf ihn zukam. Wir fühlten uns damals schon unfrei im eigenen Land.

Schon zuvor hatte mein ganz persönliches Leben eine für mich sehr bestimmende Wendung genommen. Ich durfte damals noch studieren. Ich wollte Physik und Mathematik an der Universität Marburg studieren. Zu dieser Zeit gab es noch die Erlaubnis, dass Kinder von jüdischen Kriegsteilnehmern studieren durften. Also begann ich in Marburg mit meinem Studium. Aber schon nach meinem zweiten Semester wurde das Gesetz erlassen, das auch diesen jüdischen Vorzugskindern das Studium verbot. Was dies für einen jungen Menschen bedeutet, bedarf eigentlich keiner weiteren Erklärung.

§ 4

Bei den Neuaufnahmen ist darauf zu achten, daß die Zahl der Reichsdeutschen, die im Sinne des Gesetzes zur Wiederherstellung des Berufsbeamtentums vom 7. April 1933 (Reichsgesetzbl. I S. 175) nicht arischer Abstammung sind, unter der Gesamtheit der Besucher jeder Schule und jeder Fakultät den Anteil der Nichtarier an der reichsdeutschen Bevölkerung nicht übersteigt. Die Anteilszahl wird einheitlich für das ganze Reichsgebiet festgesetzt.

Bei Herabsetzung der Zahl der Schüler und Studenten gemäß § 3 ist ebenfalls ein angemessenes Verhältnis zwischen der Gesamtheit der Besucher und der Zahl der Nichtarier herzustellen. Hierbei kann eine von der Anteilszahl abweichende höhere Verhältniszahl zugrundegelegt werden.

Absätze 1 und 2 finden keine Anwendung auf Reichsdeutsche nicht arischer Abstammung, deren Väter im Weltkriege an der Front für das Deutsche Reich oder für seine Verbündeten gekämpft haben, sowie auf Abkömmlinge aus Ehen, die vor dem Inkrafttreten dieses Gesetzes geschlossen sind, wenn ein Elternteil oder zwei Großeltern arischer Abkunft sind. Sie bleiben auch bei der Berechnung der Anteilszahl und der Verhältniszahl außer Ansatz.

Paragraph 4 aus dem „Gesetz gegen die Überfüllung deutscher Schulen und Hochschulen“, 25. April 1933

Öffentliche Demütigung

Die Synagoge zu Oberaula, ca. 1944 – rechts Lehrerwohnung, links Synagogenraum; davor Oberaulaer Kinder. Sie konnten unbeschwert auch in der Kriegszeit spielen, während die gleichaltrige Karin Spiegel unter anderem Namen zur gleichen Zeit vor den zum Judenmord verpflichteten Vertretern des damaligen Staates versteckt werden musste.

Wenig später widerfuhr mir noch weit Schlimmeres. Ich fühle heute noch die Demütigung, die mir damals zuteil wurde. Ich war ohne Beschäftigung, weil ich ja nicht studieren konnte, und versuchte, mich ein bisschen nützlich zu machen. Ich half meinem Vater, so gut ich konnte, in unserem Geschäft. Ich half ein bisschen in der Buchhaltung.

Eines Tages hatte ich ein paar Rechnungen geschrieben. Ich dachte, die brauche ich doch nicht zu frankieren. Die kann ich doch hinbringen. Die Empfänger wohnten nur ein paar Häuser von uns entfernt. Ich gab die Rechnungen dann auch ab. Zu diesem Zeitpunkt kannte ich die politische Einstellung der einzelnen Leute noch nicht. Als ich eine kleine Rechnung bei einer Familie abgeben wollte, schrien sie mich an: „Mach, dass du vom Hof kommst, du verdammte Judensau!" Ich war so entsetzt und auch so verängstigt. Ich lief davon und rief im Weggehen: „Mein Gott, ich will doch gar nichts von euch, warum jagt ihr mich weg. Bezahlt eure Rechnung! Mehr will ich ja gar nicht."

Ich ging nach Hause, weinte mich in meinem Zimmer aus, sagte auch meinem Vater nichts von meiner Schmach. Vor allen Dingen wollte ich es vor meiner Mutter verheimlichen, weil sie sonst wieder vor lauter Aufregung einen Herzanfall erlitten hätte. Nach ein paar Stunden – ich war noch ganz erschüttert – kamen zwei SA-Leute zu uns mit dem alten, mir gut bekannten Wachtmeister Ruckert. Ich sehe ihn noch heute mit seinem großen Bart, seinem gutmütigen Äußeren. Ich sah den Blick, den er mit meinem Vater

Vorne links die Synagoge, anschließend Bäckerei Schneider. Der Besitzer bewarf nach Aussagen Marga Spiegels sie und andere jüdische Kinder, die die Synagoge besuchen wollten, mit Steinen.

wechselte, und er sagte: „Wir müssen Marga verhaften. Es wird mir von den Männern aufgetragen.“ Ich konnte in seinen Augen sehen, dass es ihm ganz unangenehm war. Aber er fühlte sich auch verpflichtet, dieser braunen „Obrigkeit“ zu gehorchen. Man zog mich aus dem Haus heraus. Draußen stand schon eine ganze Menge Leute. Sie hatten ein großes Holzkreuz errichtet. Auf dem Kreuz oben war ein großes Plakat angebracht. Auf dem Plakat stand: „Diese Judensau hat eine deutsche Familie beleidigt.“ Es waren drei Leute mit Musik dabei, mit Trompeten, mit einer Trommel. Sie führten mich dann durch unser Dorf die kleinen Sträßchen entlang. Von vielen Häusern gröhlten Bravo-Rufe. Ich konnte noch sehen, dass bei einigen Häusern die Fensterläden verschlossen waren, die Leute sich ängstlich verkrochen. Es mag sein, dass auch einige Mitleid mit mir hatten, einem jungen schmächtigen Mädchen, das da von einer Horde Pack durch das Dorf geführt wurde. Dieses Erlebnis werde ich nie vergessen. Aber es gab noch Schlimmeres.

Jüdischer Patriotismus 1917: Siegmund Spiegel (unten, Mitte) kämpfte als Freiwilliger im Ersten Weltkrieg

Ich kann das alles nicht begreifen

Inzwischen häuften sich die Gerüchte, dass jüdische Menschen an anderen Orten verhaftet und ihre Geschäfte geplündert wurden. Sie sollten sich als wahr herausstellen. Auch unser Geschäft lag völlig danieder. Zu dieser Zeit durften Juden überhaupt keine Geschäfte mehr führen. Man nannte den Zwangsverkauf „Arisieren". Wir „verkauften" unser Geschäft an einen Mann, der mir noch Böses zufügen sollte. Wir hatten damals seinen Charakter noch nicht erkannt. Mein Vater war gut fünfzig Jahre alt, als er ihm das Geschäft übergeben musste. Wir mussten uns auf die obere Etage des Hauses beschränken.

Es war eine sehr bedrückende Zeit. Ich weiß, dass wir keine Dienstboten mehr beschäftigen durften. Juden durften nur Personen über 45 Jahre beschäftigen. Christliche Frauen unterhalb dieses Alters durften weder im Haus noch im Geschäft eingestellt werden. Den „Nürnberger Gesetzen" zufolge sollte so verhindert werden, dass jüdische Männer diese jungen Mädchen schwängern könnten. Mir fehlen wirklich die Worte. All diese Sachen sind heute allgemein bekannt. Nur wenn man sie damals selbst erlebt hat, ist es wirklich unbeschreiblich, was jede neue Maßnahme für uns bedeutete, wie einschränkend sie auf uns wirkte, was sie an Lebensmut in einem vernichtete.

Dann hängen heute noch die damaligen Besuche in unserem Gotteshaus, der Synagoge, am Schabbat wie ein Damoklesschwert über mir. Wie fürchtete und hasste ich diesen Weg! Doch sich zu weigern – dazu fehlte damals noch Kindern der Mut. Ich musste doch an dem Haus des Schneiders Jakob vorbei. Und er war so grausam, so fanatisch! Wie oft bewarf er mich und andere Kinder mit Steinen! Auch die Umwege, die ich benutzte, hatte er sofort entdeckt. Was half's, bei wem konnte ich mich beklagen? Die Löcher – Verletzungen – verband mir mein krankes Mütterlein. Dies hat sich bis heute als so grausam und bedrückend bei mir eingegraben.

Mir ist noch sehr bewusst, wie das Gesetz erlassen wurde, dass Juden keine Radios mehr besitzen durften. Mir war das unbegreiflich, warum man damit bestraft wurde. Ich kann mich noch gut erinnern, wie ich mir Gedanken machte, tagsüber und bei Nacht, wenn ich nicht schlafen konnte. Ich konnte dies gar nicht verstehen. Wir waren doch auch gute pflichtgetreue Deutsche, sogar deutsche Patrioten. Man hätte uns genauso gut als Motto das spätere SS-Wort unterstellen können: „Meine Ehre ist Treue“. Wir glaubten doch auch an die ewigen Werte des Lebens genau wie unsere Nachbarn. Wir hatten doch auch in unserem Poesiealbum stehen: „Edel sei der Mensch, hilfreich und gut“. Wir waren doch Deutsche. Ich begriff alles überhaupt nicht.

Ich sah damals schon das Unrecht. Nur ein kleines Beispiel kommt mir dabei in den Sinn. Wir wurden von der Schule aus angehalten für den Verein Deutscher im Ausland zu sammeln, den VDA. Ich war so eifrig. Ich ging im Dorf herum. Es muss etwa 1929/30 gewesen sein. Ich war vielleicht ein 17jähriges Mädchen. Ich weiß nur, dass ich von meiner Schule, von unserem Lyzeum, die größte Summe an Geld für den VDA zusammengetragen hatte. Das Geld kam dem Ausland zugute, das Hitler zuerst „befreite“, das er zuerst annektierte und an Deutschland anschloss. Ich will damit eigentlich nur den Patriotismus aufzeigen, den wir hatten, auch deutsche Juden hatten. Ich weiß, dass mein Großvater im Kriege 1870/71 kämpfte. Es war ganz selbstverständlich, dass mein Vater von 1914 bis 1918 Soldat war. Ich weiß, ich sehe noch genau, wie in unserer Synagoge eine schwarze Marmortafel befestigt war, auf der die Namen der gefallenen und vermissten jüdischen Menschen standen, die für das Vaterland, für den Kaiser gekämpft hatten und mit Stolz gefallen waren. Ich besitze noch Gebetbücher, in

228 Das Gelübde.

1 Ich hab mich ergeben
mit Herz und mit Hand
dir Land voll Lieb' und Leben,
mein deutsches Vaterland!

2. Mein Herz ist entglommen,
dir treu zugewandt,
du Land der Frei'n und Frommen,
du herrlich Hermannsland!

3. Ach Gott, tu erheben
mein jung Herzensblut
zu frischem, freud'gem Leben,
zu freiem, frommem Mut!

4. Laß Kraft mich erwerben
in Herz und in Hand,
zu leben und zu sterben
fürs heil'ge Vaterland!

5. Will halten und glauben
an Gott fromm und frei,
will, Vaterland, dir bleiben
auf ewig fest und treu.

Hans Ferdinand Maßmann.

Einübung zum Patriotismus für Deutschland in jüdischen Grundschulen denen bei jedem Gottesdienst ein Gebet für Kaiser und Vaterland vorgeschrieben war und selbstverständlich gesprochen wurde. Ich weiß auch noch, wie meine Mutter einmal in jedem Jahr einen Tag des Gedenkens – wir nannten es Jahrzeit – für ihren im Krieg gefallenen Bruder Benno abhielt.

Es war selbstverständlich, dass Juden die gleichen Bücher lasen wie ihre Nachbarn, dass sie dieselben politischen Interessen hatten wie ihre christlichen Mitbürger. Und warum sollte es auf einmal alles anders sein?

Mir persönlich stand noch Schlimmeres bevor, von dem ich aber, Gott sei Dank, damals noch nichts ahnte.

Ich werde verhaftet

Ich war schon verlobt, als ich eines Tages mit dem Auto nach Bad Hersfeld fuhr, wo der Bruder meines Vaters wohnte und auch eine seiner Schwestern. Angekommen, wollte ich den Wagen auf dem Hof parken. Da wurde ich von zwei Polizisten aus dem Auto gezogen und in einen Polizeiwagen gesteckt. Mir wurde gesagt, ich sei verhaftet. Als ich nach dem Grund fragte, gab man mir ganz schlimme Antworten. Ich solle mein Maul halten, sonst geschähe noch etwas Schlimmeres. Ohne irgendwelche Rührung brachten mich die beiden Beamten in das kleine Gefängnis, das für unsere Region zuständig war. Keiner sagte ein Wort zur mir. Der Gefängniswärter schloss eine Zelle auf, in der eine Pritsche stand, und schloss dann hinter mir ab. Kann man sich die Gedanken eines Mädchens vorstellen, das sich keiner bösen Tat bewusst ist, die inhaftiert ist, ohne fragen zu können, ohne schreien zu können, einfach eingesperrt, ohne den Grund dafür zu kennen?

Nach dem Tag wurde es Nacht. An Schlafen war natürlich nicht zu denken. Die Pritsche war hart. Aber das war nicht der Grund. Die Gedanken rasten in mir. Wussten meine Eltern, was mir zugestoßen war oder dachten sie, ich sei bei meinen Verwandten geblieben? In der Nacht ging mir alles im Kopf herum, was ich immer schon über Judenverfolgungen und jüdische Demütigungen gehört hatte. Von einem „spanischen" Juden aus meinem Heimatdorf – einem Mann, dessen Vorfahren im 17. Jahrhundert vor der spanischen Inquisition nach Deutschland geflohen waren – wusste ich, dass Juden damals getötet wurden, wenn sie sich nicht taufen ließen. Ich wusste auch, dass sie sich oft zum Schein taufen ließen, und in meinem Inneren war ich stolz darauf, dass sie trotzdem an ihrem Judentum festhielten oder sich zum Judentum bekannten. Ich hatte von diesen Menschen, von den „Maranen" gelesen. Ich wusste auch von dem Erfindungsreichtum und den Schändlichkeiten der Menschheit Juden gegenüber. Es war mir bekannt. Mir kamen die Kreuzzüge in den Sinn, aber ich konnte mir nicht vorstellen, dass sich in unserer Zeit wieder etwas Derartiges ereignen könnte. Ich wollte es, ich konnte es nicht glauben. Ich weiß genau, ich kannte ein paar jüdische Worte. Ich war keine sehr gläubige Jüdin, nur man war einfach Jüdin, und das war ja auch genug. Ich weiß, dass ich in dieser Nacht wirklich geschrien und gewimmert habe. Ich habe gesagt: „Eli, Eli, lama asaftani, mein Gott, mein Gott, warum hast du mich verlassen?"

Bad Hersfeld 1934

Als es am nächsten Morgen hell wurde, war mein Schutzengel bei mir. Ich habe ihn in meinem langen Leben oft bemerkt. Wir alle haben diesen Schutzengel. Manche sehen ihn nur nicht. Der Gefängniswärter machte die Türe auf und brachte mir etwas zu essen. Ich weiß, ich schluckte ein bisschen Flüssigkeit herunter, auch ein paar Brocken von dem Brot. Aber das, was mir am meisten in Erinnerung blieb, waren seine Worte. Er gab mir zu verstehen, dass es ihm leid täte, dass er aber nichts dagegen machen könnte. Er kannte mich ja von Kind auf, war auch ein guter Bekannter meiner Eltern. Er sagte mir, dass am übernächsten Tag der Kreisleiter ins Gefängnis kommen würde. Ich sollte ganz laut an meine Türe pochen. Er würde dann den Kreisleiter auf mich aufmerksam machen. Ich sollte ihm sagen, dass ich nichts getan hätte, und ihn fragen, wessen ich bezichtigt würde. Allein dieser Gedanke, dass ich vielleicht in zwei Tagen von jemand nur angehört werden würde, ließ mir die Tage leichter vergehen, ein wenig leichter. Aber ich war todtraurig, betrübt. Noch schlimmer ist es, wenn man sich unschuldig verfolgt fühlt, wenn man ein rechtschaffenes Herz hat und denkt, dass einem Unrecht getan wird. Mit einem rechtschaffenen Herzen ist der Schmerz, der einen bedrückt, noch weit schwerer. Der Wärter versprach, meinem Vater zu sagen, dass es mir gut ginge, dass ich im Gefängnis sei und dass er meiner Mutter sagen solle, ich sei bei den Verwandten in Hersfeld geblieben, um ihr angegriffenes Herz zu schonen. Die Freundlichkeit dieses Mannes ließ mich die Situation überstehen.

Ich will von der Not und den schlaflosen Nächten nicht weiter berichten. Heute weiß ich, dass meinen Mitmenschen viel Schlimmeres zugefügt wurde. Am dritten Tag schließlich kam der Kreisleiter. Ich wurde von dem Gefängniswärter extra noch mal instruiert, zu welcher Zeit ich an die Türe klopfen sollte. Ich tat es und wurde zu dem Kreisleiter in ein Zimmer geführt. Ich glaube, dass er einfach Mitleid hatte, denn er fragte mich, was denn mein Verbrechen gewesen wäre. Auf meine Antwort, dass ich mir keiner Schuld bewusst war, ließ er die beiden Wachtmeister kommen, die mich verhaftet hatten. Und da erfuhr ich den Grund, einen ganz fadenscheinigen Grund: Eben jener Mann, dem mein Vater unser Geschäft und unser Haus hatte verkaufen müssen, hatte in der Gastwirtschaft – etwas angetrunken vielleicht – erzählt, so dass es auch einige SA-Männer oder Nationalsozialisten hören konnten, dass er durch ein Fenster gesehen habe, wie ich in seinem Keller auf in Sand eingeschlagenes Gemüse uriniert hätte. Ich war mir so sicher, dass ich das nie getan hatte. Es wurde natürlich so ausgelegt, dass die Juden eben das Eigentum der Nichtjuden vergiften wollten, so wie auch damals schon diese Greuelmärchen herumgingen, dass Juden Wurst mit Gift versehen würden, die dann an christliche Menschen verkauft wurde. Unter diesem fadenscheinigen Grunde wurde auch eine Metzgerei, die der Schwester meiner Mutter in Merzhausen im heutigen Schwalmkreis gehörte, geschlossen. Natürlich bestritt ich diese Anschuldigung heftig. Der Kreisleiter war unschlüssig. Da kam mir auf einmal in den Sinn zu sagen, er könne sich davon überzeugen, dass dies unmöglich sei. Nach meiner Meinung hätte man durch dieses Fenster überhaupt nicht sehen können, dass ich auf den Porree oder die Möhren, die da im Sand waren, uriniert hätte. Der Kreisleiter erklärte sich zum Augenschein bereit. Ich wurde unter Polizeiaufsicht in unser eigenes Haus geführt. Ich musste in den Keller gehen. Der Kreisleiter und der Wachtmeister sahen von außen hinein. Wie beschämend für mich! Ich musste so tun, als ob ich mich über dieses Sandbeet beuge, und beide waren überzeugt, dass sie überhaupt keine Einsicht in den Kellerraum hatten. Also sagte der Kreisleiter zu den Wachtmeistern, sie sollten mich freilassen. Es sei kein Beweis gegeben. Und das sehe ich heute wirklich als Fügung meines Amitaba, meines Schutzengels, an, denn ich weiß ganz genau, was hätte geschehen können, wenn dieser Kreisleiter nicht ein mitleidiges Herz gehabt hätte.

Wie man später erfuhr, gab es selbst in Konzentrationslagern ab und zu einmal Menschen, die mit den Lagerinsassen, diesen armen Kreaturen, Mitleid hatten. Es gab sie, nur zu wenige!

Warum aber hat sich damals nicht einer an meine Sei-

Marga Rothschild mit Schwester Hannchen und Mutter Cilly um 1925

te gestellt? Warum hat nicht einer gesagt: „Mein Gott! Wir kennen doch dieses Mädchen. Es war immer ein sauberes Mädchen, aus einem gepflegten Haus. Warum sollte ein solches Mädchen die Lebensmittel eines christlichen Menschen verunreinigen wollen? Warum sollte sie dazu fähig sein?“ Warum sagte mir keiner, er glaube an meine Unschuld? Warum hat keiner dem Einhalt geboten? Ich kann es nicht begreifen, auch heute noch nicht, nach so langer Zeit.

Die Hochzeit

Das Leben im Dorf wurde immer monotoner. Es breitete sich Angst aus unter den jüdischen Bürgern. Man konnte keine Gastwirtschaft mehr betreten, kein Kino besuchen. Wir wurden immer mehr von allem ausgeschlossen.

Inzwischen durften wir auch keine Telefonanschlüsse mehr haben. Es ist mir deshalb so sehr bewusst, weil ich inzwischen meinen späteren Mann kennengelernt hatte, der aus Ahlen kam, und wir im Januar 1937 heiraten wollten.

Meine Mutter konnte wegen ihrer Herzschwäche schon nicht mehr reisen, und so beschlossen wir, die jüdische Trauung in unserem Dorf durch einen Lehrer aus der Stadt meines Mannes zu begehen. Wir hatten am Abend vorher Kuchen gebacken und ein paar Nachbarn eingeladen. Der Tisch war gedeckt, wir wollten doch wenigstens an diesem Tag versuchen, etwas Bleibendes oder etwas Besonderes zu machen. Mein Mann mit seiner Schwester, seinem Bruder und ihren Familien, auch dieser Lehrer, sollten gegen Nachmittag in unserem Dorf ankommen. Dann kam eine Nachbarsfrau heimlich über den Hof zu uns und sagte, dass sie ein Telefongespräch bekommen hätte, dass unsere Gäste eine Panne hatten und im Schnee in den Bergen bei uns steckengeblieben wären. Wir nahmen das Auto, das wir damals noch hatten, und wir fuhren hin, um meinen Mann und

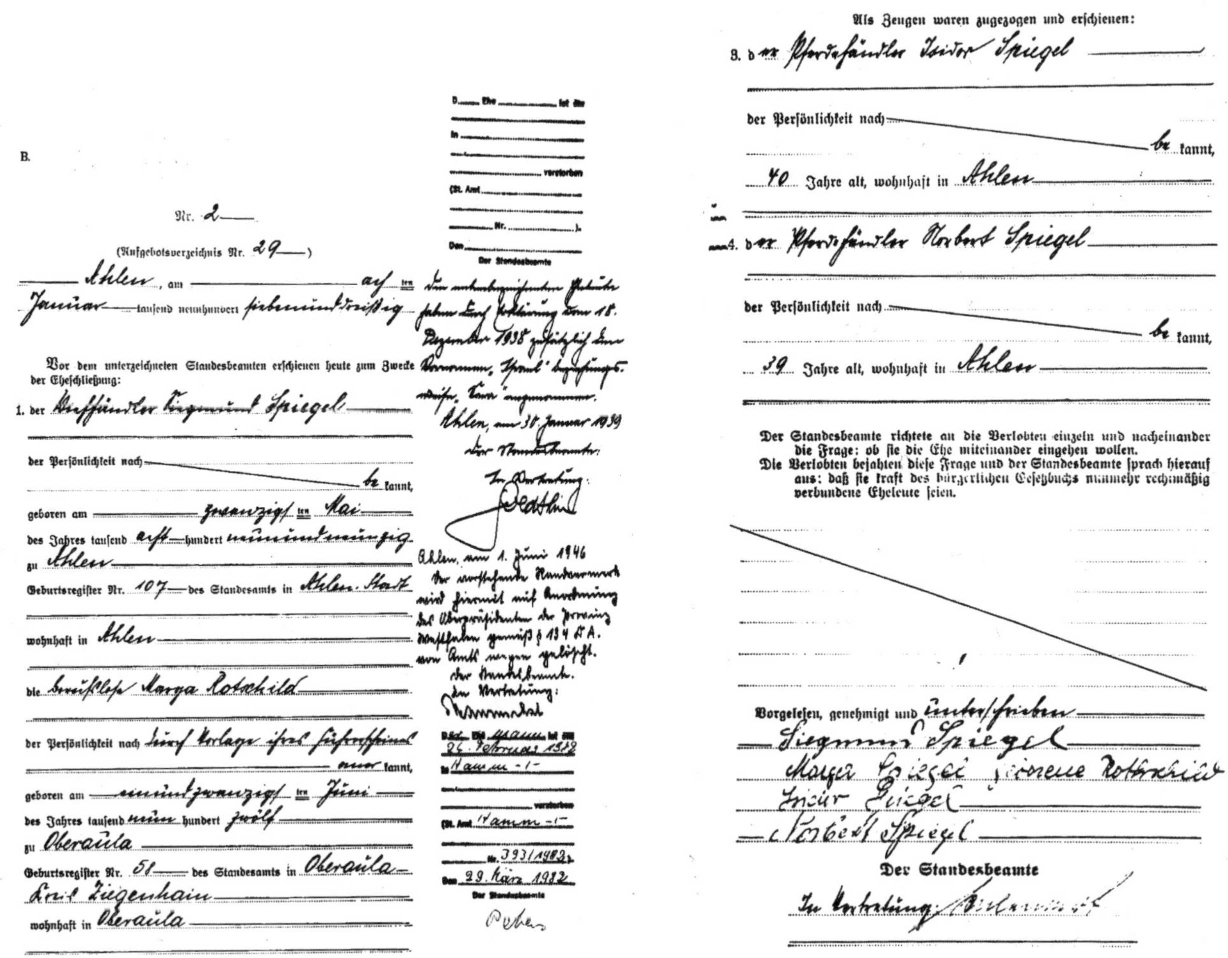
B.

Nr. 2

(Aufgebotsverzeichnis Nr. 29)

Ahlen, am acht ten Januar tausend neunhundert siebenunddreißig

Vor dem unterzeichneten Standesbeamten erschienen heute zum Zwecke der Eheschließung:

1. der Pferdehändler Siegmund Spiegel

der Persönlichkeit nach bekannt,

geboren am zwanzigsten Mai

des Jahres tausend acht hundert neunundneunzig

zu Ahlen

Geburtsregister Nr. 107 des Standesamts in Ahlen-Stadt

wohnhaft in Ahlen

die berufslose Marga Rotschild

der Persönlichkeit nach durch Vorlage ihres Führerscheins anerkannt,

geboren am einundzwanzigsten Juni

des Jahres tausend neun hundert zwölf

zu Oberaula

Geburtsregister Nr. 51 des Standesamts in Oberaula-Kreis Ziegenhain

wohnhaft in Oberaula

Ahlen, am 30. Januar 1939

Der Standesbeamte.

In Vertretung:

Ahlen, am 1. Juni 1946

Der vorstehende Randvermerk wird hiermit auf Anordnung des Oberpräsidenten der Provinz Westfalen gemäß § 134 DA. von Amts wegen gelöscht.

Der Standesbeamte.

In Vertretung:

Die Ehe ist am 24. Februar 1982 in Hamm -1- verstorben

(St. Amt Hamm -1- Nr. 393/1982)

Den 29. März 1982

Der Standesbeamte

Als Zeugen waren zugezogen und erschienen:

3. der Pferdehändler Isidor Spiegel

der Persönlichkeit nach bekannt,

40 Jahre alt, wohnhaft in Ahlen

4. der Pferdehändler Norbert Spiegel

der Persönlichkeit nach bekannt,

39 Jahre alt, wohnhaft in Ahlen

Der Standesbeamte richtete an die Verlobten einzeln und nacheinander die Frage: ob sie die Ehe miteinander eingehen wollen.
Die Verlobten bejahten diese Frage und der Standesbeamte sprach hierauf aus: daß sie kraft des bürgerlichen Gesetzbuchs nunmehr rechtmäßig verbundene Eheleute seien.

Vorgelesen, genehmigt und unterschrieben

Siegmund Spiegel
Marga Spiegel geborene Rothschild
Isidor Spiegel
Norbert Spiegel

Der Standesbeamte

In Vertretung:

Die Heiratsurkunde von Siegmund und Marga Spiegel 1937 (Vorder- und Rückseite)

die Verwandten in unserem Wagen mit nach Hause zu nehmen. Inzwischen hatte sich aber eine ganze Schar junger, vom Nationalsozialismus besessener Menschen zusammengetan.

Sie fuhren uns nach, und es wurde auch schon dunkel,

und als wir uns meinem späteren Mann näherten, bedrohten sie unser Leben. Wir waren so verängstigt, dass wir mit allen Verwandten in ein nahegelegenes Waldstück flohen und uns die ganze Nacht bis zum Morgen dort versteckt hielten. Ich weiß noch, dass es ganz kalt war und ich mich gar nicht danach angezogen hatte. Als dann der Morgen graute und die Bande abgezogen war, trauten wir uns wieder in unsere Autos und fuhren nach Hause, müde: Wir waren alle in einer ganz niedergeschlagenen Stimmung. So gegen Mittag wurde dann bei uns im Zimmer die Trauung nach jüdischem Ritus vollzogen. Die Hochzeit glich keiner Feier mehr, eher einem Abschied in eine gefürchtete ungewisse Zukunft.

Der Tod meiner Mutter

Mein Vater war ein starker Mann, er hatte auch einen starken Willen, aber mein Mütterchen war eine ganz feinfühlige, liebenswürdige Person. Sie war beliebt in unserem Dorf. Ich habe noch nach dem Krieg immer wieder Leute gehört, die zu mir sagten: „Deine Mutter war die Seele des Dorfes." An jedem Schabbat gab es in allen jüdischen Häusern eine Suppe und ein gegenüber dem Alltag besonders gutes Essen. Ich weiß, dass meine Mutter immer ein oder zwei verschließbare Emaillegefäße mit Suppe füllen ließ und dass unsere Hilfen damit losgehen mussten zu ärmeren Leuten, vor allen Dingen schwangeren oder kranken alten Frauen. Das war bei uns ein wirkliches Gesetz.

Indessen wurde das Herz meiner Mutter immer schwächer. Sie konnte gar nicht mehr ohne Arzneien leben. Ein Herzanfall jagte den anderen. Sie bedurfte immer öfter eines Arztes und konnte zeitweise gar nicht mehr aufstehen. Sie starb am 18. März 1937 mit nur 48 Jahren und wurde gleichzeitig mit einem anderen jüdischen Mann beerdigt. Es war ein makabrer Trauerzug, der den Särgen folgte. Meine Worte reichen nicht dafür aus, um ihn beschreiben zu

v.l. Veronica Ferres (als Marga Spiegel), Marga Spiegel, Lia Hoensbroech (als Anni Aschoff), Margarita Broich (als Frau Aschoff) und Regisseur Ludi Boeken

Die Eltern Marga Spiegels um 1927: Siegmund Rothschild (1882-1938) und seine Frau Cilly (1888-1937)

können. Neben der Trauer, die man selbstverständlich um seine Mutter empfindet, war da auch schon dieses Geängstigtsein. Dieser kleine Zug, der sich hinter dem Sarg bewegte, war ein Häuflein verängstigter, in sich zusammengesunkener Menschen. Kein Nachbar, kein Freund, kein Arzt, kein Pfarrer, niemand ging hinter den Särgen her, hinter den Särgen von Freunden, von Nachbarn, die sie von Kind auf gekannt hatten. Einer fürchtete damals schon den anderen. Jeder hatte Angst vor Denunziationen, selbst der Vater vor den Kindern. Die Menschen konnten sich nicht mehr ihren Gefühlen hingeben, die sie sicherlich noch hatten. Es war keiner, der den Mut hatte, hinter dem Sarg einer gut bekannten ehrwürdigen Frau oder eines anderen guten Bürgers herzugehen.

Die Bestattung wurde nach jüdischem Brauch vorgenommen. Mir bleibt immer in Erinnerung, wie der Rabbiner aus Marburg ihr Leben mit dem Ruths verglich. Grund dafür war, dass meine Großmutter bei ihrem Tod trotz der Anwesenheit der eigenen Kinder auf ihrem Sterbebett die Hand ihrer Schwiegertochter ergriff und als letztes ihren Namen lallte: Meine Mutter war wie Ruth, die ihre Schwiegermutter Naemi versorgte bis zuletzt.

Meine Mutter starb einfach an Herzeleid, an gebrochenem Herzen. Die Aufregungen der letzten Zeit waren für sie zu groß gewesen. Darauf zog ich nach Ahlen, in die Stadt meines Mannes.

2. Neubeginn in Westfalen

In Ahlen wohnten wir im oberen Stock eines Zweifamilienhauses mit christlichen Leuten zusammen, die so nett zu uns waren, wie es möglich war, wenn sie sich nicht gerade von Nazis beobachtet fühlten. Man wusste ja damals, wer zur Partei gehörte und wer nicht. Es war eine sehr traurige Zeit.

Als ich schwanger wurde, wurde ich von den Verwandten meines Mannes, von denen auch drei Familien in der Stadt wohnten, und auch von Freunden, die es natürlich gut mit einem meinten, immer wieder gefragt: „Ist es nicht unvorsichtig? Wie könnt ihr es jetzt noch wagen, ein Kind in die Welt zu setzen?" Die Zeiten waren so unsicher. Man ahnte, dass es immer schlimmer werden würde. Aber die ganzen Ausmaße der systematischen Vernichtung hat man nicht geahnt, nicht ahnen können.

Allerdings waren die Schwestern meines Vaters damals schon ihrer Existenzen beraubt worden. Die eine hatte ein Sägewerk, die andere ein Haushaltswarengeschäft gehabt. Sie fragten bei einem Bruder meines Großvaters, der nach Amerika ausgewandert war, an, ob er bereit sei, ihnen ein Affidavit zu stellen. Das war eine Bürgschaft, mit der er sich verpflichtete, für den Lebensunterhalt eben dieser Verwandten aufzukommen. Sie hatten auch tatsächlich das Glück, noch auswandern zu können.

Bei meinem Vater, der ebenfalls um ein Affidavit nachgesucht hatte, hörte dies der Ortsgruppenleiter von Oberaula und durch ihn der Kreisleiter, durch den damals schon alle Auswanderungsgesuche genehmigt werden mussten.

Der erfolgreiche Pferdehändler Siegmund Spiegel

Sie stellten ihm keine Unbedenklichkeitsbescheinigung aus. Der Ortsgruppenleiter war ein Nazi im wahrsten Sinne des Wortes, ein Judenhasser. Er brachte es dann auch fertig, dass mein Vater einige Monate später sein Leben lassen musste.

Mein Vater war nach meiner Heirat zusammen mit meiner Schwester nach Ahlen gezogen, um mit mir zusammen zu sein. Er zog in das Haus eines jüdischen Geschäftsmannes ein. Es war für mich natürlich ein kleiner Trost, meinen Vater und meine Schwester um mich zu haben. Am 14. Januar 1938 wurde dann auch das erste Enkelkind, unsere Tochter Karin, geboren. Einige Monate konnten wir unbeschwerte Freude an der Kleinen haben. Aber ich entsinne mich noch gut daran, dass ich oft, wenn ich an dem Haus eines bestimmten Nazis in der Stadt vorbeiging, mit Steinen beworfen wurde, jedesmal, wenn ich mit dem Kinderwagen dort entlangkam. Ich drehte den Wagen immer um, um mein Kind und mich vor den Steinen zu schützen.

Lange konnte sich mein Vater nicht an seiner Enkelin freuen. Der Arm des Oberaulaer Ortsgruppenleiters reichte so weit, dass mein Vater nach Oranienburg-Sachsenhausen kam. Er wurde am 14. Juni 1938 über die Kriminalpolizeistelle Recklinghausen dorthin gebracht. Es war damals das erste Mal, dass ich von diesem Lager hörte. Ich brauche wohl nicht näher zu beschreiben, was dies für mich bedeutete. Mein Vater war wohl der erste Jude aus Ahlen, der in ein KZ kam.

Keine fünf Wochen, nachdem mein Vater nach Sachsenhausen deportiert worden war, erhielt ich die Nachricht, dass „Siegmund Rothschild an inneren Blutungen gestorben“ sei. Als Todesdatum wurde der 12. Juli 1938 angegeben. Mir wurde noch eine „Sondervergünstigung“ zuteil. Der Sarg, ein Bleisarg, wurde mir unter Bewachung übersandt. Die Unkosten hierfür musste ich tragen. So liegt mein Vater zumindest auf dem jüdischen Friedhof unseres Heimatortes begraben, neben einem jüdischen Mann, der fünf Monate später in der Pogromnacht erschlagen im Straßengraben aufgefunden wurde.

Die Pogromnacht

So nahm denn das Leben seinen traurigen, aber noch erträglichen Gang, bis der 9. November 1938 kam, die Pogromnacht. Wir schliefen, als die Haustür beschädigt und aufgerissen wurde. Unsere Etagentüre wurde demoliert und vor uns stand eine Horde brauner SA-Leute. Sie gingen in das Zimmer, wo meine Tochter in ihrem Bettchen lag. Über ihr an der Decke befand sich ein Kronleuchter. Sie schlugen ihn zu tausend Scherben. Als ich zu dem schreienden Kind, das gerade mal acht Monate alt war, laufen wollte, wurde ich in das Zimmer zurückgestoßen.

SA-Sturm Ahlen

Mein Mann hatte bis dahin immer noch gesagt: „Mir wird keiner etwas tun. Ich hab mit 18 Jahren mein Eisernes Kreuz als Kriegsfreiwilliger bekommen. Mir wird man nichts antun. Keiner wird eine Hand gegen mich erheben.“ Ich seh ihn noch, wie er ganz kreidebleich zu einem Mann sagte: „Aber du kennst mich doch. Wir waren doch sogar gute Bekannte, wir waren doch miteinander befreundet . . . “ Das hinderte diese Männer nicht, mit Knüppeln auf ihn einzuschlagen, und ich sehe ihn noch, wie er hilflos diesen Schlägen ausgesetzt war. Ich weiß, dass in dieser Nacht der Glaube meines Mannes an seine Unantastbarkeit, seinen Schutz verlorenging.

Sein Glaube an Deutschland, an das Gute im Menschen war so stark, dass er meine Pläne, nach Israel auszuwandern, belächelte und mir davon abriet. Ich hatte, schon bevor ich meinen Mann kannte, eine Einreisegenehmigung nach Palästina beantragt. Ich war in Frankfurt in einem Krankenhaus, um Diätküche zu lernen, weil ich mit einer Bekannten eine Diätküche in Israel eröffnen wollte. Als ich dann meinen Mann kennenlernte und ihm davon erzählte, sagte er lachend zu mir: 'Ach, Palästina-Mädchen.' Er glaubte sich so sicher in Deutschland. Er war wirklich erst Deutscher und dann Jude. Aber nach diesen ersten Schlägen, dieser Entwürdigung, die er da erlitten hatte, wusste ich, dass seine ganzen Hoffnungen auf das Vaterland zerronnen waren. Nur war zu diesem Zeitpunkt meine Einreisegenehmigung, die ein Jahr Gültigkeit gehabt hatte, bereits verfallen. Es war ein sogenanntes Kapitalistenzertifikat gewesen, das mit einer Zahlung von 1000 englischen Pfund, damals 12000 Reichsmark, von der englischen Besatzung ausgestellt wurde.

Meine Gedanken gehen jetzt noch zurück an diese fürchterliche Nacht. Ich versuchte, das Kind aus den Scherben zu befreien und zu beruhigen. Alle unsere Schränke waren umgeworfen. Es waren fürchterliche Zustände in dem ganzen Ort. In unserem Hause nahmen sie vielleicht etwas Rücksicht, weil auch eine christliche Familie dort lebte. In dem Elternhaus meines Mannes, in dem sein Bruder wohnte, waren noch mehr Zerstörungen angerichtet worden als bei uns. Dort wurden die Türen eingetreten, die Betten aufgeschnitten, durch die Fenster geworfen, Möbel demoliert, kurzum, es sah aus wie später nach dem Bombenkrieg.

Ausgebrannte Synagoge 1938

Am nächsten Tag hörten wir, dass die Synagoge in Brand gesteckt worden war. Ein paar Leute, Nachbarn, hatten gesehen, wie SA-Männer Feuer legten, wie die Synagoge zu brennen anfing. Das Schrecklichste und Grausamste war, dass sie den Kantor, unseren Vorbeter, im Schlafanzug aus seinem Bett zogen, ihn in die Synagoge stießen. Die Synagoge brannte schon an allen Seiten und sie zwangen ihn, eine Thora (das Heiligste, das es für uns gibt) zu nehmen und laut unter dem Gegröhle der Menge und auch der Nachbarn daraus zu beten.

In dieser Nacht wurde ein Mann, der denselben Namen trug wie mein Mann und mit ihm verwandt war, in einem Straßengraben tot aufgefunden. Er war ein ganz einfacher, armer Mann, der mit dem Fahrrad in die Dörfer fuhr und bei Bauern Taschentücher und Kleinkram verkaufte. Er hatte eine taubstumme Tochter und noch ein behindertes Kind. Diese armen Menschen blieben nun ohne ihren so armseligen Ernährer zurück.

Ich muss noch etwas vorgreifen dazu. Nach dem Krieg wurde uns von Augenzeugen berichtet, wer der Haupttäter war. Es kam auch ohne unser Dazutun ein Strafverfahren in Gang. Der Mann und auch die Mitangeklagten wurden aus Mangel an Beweisen freigesprochen. Vielleicht ist dies einer der Gründe, dass ich, auch wenn ich – wie ganz, ganz wenige – am Leben geblieben bin, „Heimat" eigentlich nur noch in Anführungsstrichen schreiben kann. Ganz bitter für einen Menschen, heimatlos zu sein – in der eigenen Heimat heimatlos!

Daneben muss ich aber auch eine ganz besonders gute Tat erwähnen. Die jüdischen Menschen waren verschüchtert, verschreckt, ängstlich nach der Pogromnacht und teilweise auch verletzt. Sie wandten sich an das Krankenhaus in dem Städtchen. Der Chefarzt nahm auch die jüdischen Menschen auf und behandelte sie. So gab es immer wieder einen Funken Gutes in den Menschen. Der Chefarzt wurde später zur SS gezogen und sollte nach dem Krieg auch von den Alliierten bestraft werden. Mein Mann sagte für ihn aus und bestätigte ihm seine Hilfe, die er uns jüdischen Menschen gewährt hatte. So blieb er von einer Bestrafung verschont.

Verhaftungswellen

Ich versuche nun, von einem meiner schwersten Erlebnisse zu berichten. Es stand in Zusammenhang mit dem 9. November. Ich erzählte von dem, was die jüdischen Mitbürger unseres Ortes erleben mussten. Am nächsten Tag wurden dann alle jüdischen Männer der Stadt inhaftiert und in das Gefängnis gebracht. Nach etwa drei oder vier Tagen kam ein Wachtmeister persönlich zu mir in die Wohnung. Auch er war ein Schutzengel. Die jüdischen Männer und besonders mein Mann, der ein Schulfreund von ihm gewesen war, hatten ihn gebeten, zu mir zu gehen und mir zu verstehen zu geben, dass sie Hunger hatten und etwas zu essen haben wollten. Er kam also zu mir und sagte, er solle mir von meinem Mann bestellen, dass wahrscheinlich in den nächsten Tagen alle Männer in ein Lager abtransportiert würden. Und er gab mir die Erlaubnis, sie im Gefängnis zu besuchen.

Die Thora

Aber ich verstand den Wink nicht. Ich hatte Gerüchte aus anderen Städten, Berlin usw. gehört – einer flüsterte es dem anderen zu –, dass alle Juden in Arbeitslager gebracht wurden. Es sollte eine Bestrafung sein für das Attentat auf den Legationssekretär vom Rath in Paris. Ein jüdischer, polnischer Mann hatte aus Zorn darüber, dass seine Eltern, die polnischer Abstammung waren, im Konzentrationslager umgekommen waren, vom Rath erschossen. Daraufhin wurde den Juden in Deutschland eine Milliarde Reichsmark Strafe auferlegt. Jeder hatte bis zum letzten Pfennig sein Geld zu deklarieren und abzugeben. Auch die Inhaftierung der jüdischen Männer gehörte zu dieser „Strafaktion".

Später hat die Geschichte gezeigt, dass das alles vorher geplant war und dieses Attentat nur ein vorgeschobener Grund war.

Man raunte sich zu, dass die Lager im Osten waren, in den Gebieten um Polen. Man raunte sich auch zu, dass es dort kalt wäre. So glaubte ich, meinem Mann, insbesondere Wäsche und Pullover, warme Sachen bringen zu sollen. Ich packte alles zusammen, was mein Mann besaß, aber da es nicht für so viele Männer – es waren etwa 15-20 – ausreichte, ging ich zu einem Geschäft, kaufte lange Unterhosen, Schals, Pullover und derartige Sachen. Ich kam schwerbepackt im Gefängnis an.

Eben dieser Schutzengel ließ mich auch in den unteren Teil des Gefängnisses zu den Männern ein. Sie sahen alle sehr schlecht, unrasiert, schon sehr in Sorge und auch schwach und elendig aus und sie dachten, ich hätte ihnen etwas zu essen mitgebracht. Mehr wollten sie gar nicht. Ich war zu naiv gewesen, um den Wink zu verstehen, und der

Wachtmeister wollte sich nicht schuldig machen und mir direkt sagen, was ich machen sollte. Er hatte nur gesagt, er erteile mir eine Besuchserlaubnis. Und dann ging seine Gutmütigkeit noch so weit, dass ich meine Sachen alle da lassen und mit dem Fahrrad zu einem mir bekannten Metzger fahren durfte. Ich hatte kein Geld bei mir, weil ich ja glaubte, nur zu meinem Mann und den anderen Inhaftierten zu gehen. Er gab mir ein paar Pfund Wurst und Brot, ohne dass ich es in dem Moment bezahlen konnte. Er sagte mir: „Nehmen Sie es ruhig mit und bringen Sie mir's rein, wenn Sie in den nächsten Tagen wieder in die Stadt kommen. Und grüßen Sie mir bitte Ihren Mann!" Und da war er wieder, er huschte vorbei – der Schutzengel. Ich komme noch einmal auf die Erlebnisse der jüdischen Menschen im Gefängnis zurück. Der Wachtmeister, von dem ich schon gesprochen habe, zögerte den Abtransport der jüdischen Männer mit irgendwelchen fadenscheinigen Ausreden immer wieder einen weiteren Tag hinaus. Nach acht oder vielleicht auch zehn Tagen bekam er die Nachricht, dass die Männer nicht mehr in die Lager gebracht werden könnten, weil noch nicht so viele Lager bereit standen. Also wurden sie alle entlassen. Auch das war das Werk eines Schutzengels, dass mein Mann und die anderen Familienväter damals nicht den gleichen Weg gehen mussten, den mein Vater schon gegangen war. Für die meisten war es aber nur ein Aufschub, nur eine Verlängerung.

Gezeichnet und vertrieben

Jüdisches Mädchen

Am 1. September 1941 wurde eine Polizeiverordnung erlassen, dass alle Juden ab vollendetem 6. Lebensjahr einen „Judenstern" tragen mussten. Ich glaube, man musste sich den Stern an der jüdischen Gemeinde abholen, gegen eine Quittung. Ich hatte zwei Sterne, einen aufgenähten und einen mit Druckknöpfen. Ich hatte zuerst geglaubt, dass das Kind

Jud

auch einen Stern haben musste. Mein Mann hat an der Zeche gearbeitet. Er hat den Stern seltsamerweise immer sehr offen getragen, er hatte keine Hemmungen damit. Ich bin tagelang nicht rausgegangen! Bis ich mal irgendwohin einkaufen musste, mich angestellt habe für irgendein Obst. Ich weiß noch, in welchem Geschäft das war. Und ich glaubte, dass die ganze Welt mich ansah! Man glaubte sich so gezeichnet! Aber dann weiß ich auch, dass ich einige Male so etwas wie Trotz, vielleicht Stolz empfunden habe. Ich hatte das mit dem Stern ganz raffiniert gemacht. Es war ein bunt genoppter Mantel, an dem man die (an den Stern genähten) Druckknöpfe nicht so sah. Das war ein großes Risiko! Aber ich hab das halt gemacht. Ich persönlich wurde mit dem Stern nicht angepöbelt. Es gab damals auch in unserer Gegend, einem ganz schlechten Wohnviertel, Menschen, die uns etwas Gutes taten. Und manchmal kam auch der Schutzengel in Gestalt eines Milchbauern, der mir ab und zu einmal in einen Topf, den ich immer wieder vor unsere Baracke stellte, einen halben oder ganzen Liter Magermilch hineinschüttete. Ich hatte niemals die Gelegenheit zu bezahlen.

Ein echter Kommunist, der uns oft besucht hat, versuchte uns aufzumuntern: „Menne (Umgangsvorname für Siegmund Spiegel), du musst durchhalten, der Hitler geht kaputt." Ich hielt das gar nicht für möglich. In einem großen Schaufenster am Borsigplatz, da hing ja die Europakarte, und die Fähnchen wurden gesteckt. Deutschland wurde immer größer und mächtiger!
In dieser proletarischen Gegend Dortmunds sah man mich mit dem Kind oft sehr traurig und mitleidig an.

Abschied von der Schwester

Wie schnell und wie tief sich die aufgezwungene Kennzeichnung in das Unterbewusstsein eingrub, zeigt kaum mehr als einen Monat später meine letzte Begegnung mit der geliebten Schwester, „meinem Schwesterchen", wie ich diese häufig in Gesprächen nannte.

Ich lag auf Grund einer inneren Vergiftung anlässlich einer Totgeburt im Fieberdelirium im Krankenhaus von Dortmund-Kirchlinde. Hier hatte ich nach vielen vergeblichen Versuchen endlich Aufnahme gefunden. Dies war sehr schwer gewesen. Den Hinweis hatte uns der schon genannte Kommunist gegeben. Mein Mann hatte vorher bei vielen Krankenhäusern vergeblich angefragt. Ich war ja Jüdin. Und der Rassismus war damals meist stärker als der hippokratische Eid.

Meine einzige Schwester Johanna hatte am Tag vor ihrer Deportation noch die Erlaubnis bekommen, von Essen aus, wo sie mit ihrem Mann nach der Vertreibung aus Ahlen Zuflucht gefunden hatte, mich zu besuchen. Am nächsten Tag, dem 27. Oktober 1941, ging ihr Transport nach Litzmannstadt.

Plötzlich stand da meine Schwester an meinem Krankenbett. Sie hatte ein Kleid aus einer dicken Decke genäht an. Mit dem Stern darauf. Ich hatte in meinem Fieberwahn immer gehört: „Nach Osten", „kalt", „Transporte", habe dies aber nicht verstanden. Doch als ich da meine Schwester sah, wusste ich es. Da begriff ich, dass meine Schwester wegtransportiert würde. Ich wusste das ganz instinktiv.

Die Schwestern im Kirchlinder Krankenhaus gaben meinem Schwesterchen eine Wolldecke, ein Stück Seife. Eine wunderbare Tat von mutigen Menschen!

Mein Mann nahm meine Hand und sagte die sich mir stark einprägenden Worte: „Wenn ich allein wäre, ginge ich da nicht mit." Ich antwortete: „Nein, dich würden sie hier in einer Vitrine ausstellen, mit deinem verfluchten Eisernen Kreuz!"

Ab dem vollendeten 6. Lebensjahr mussten auch jüdische Kinder einen Judenstern tragen

Dieser letzte Besuch meiner Schwester und deren Deportation, die in Auschwitz enden sollte, ließ in meinem Mann endgültig den Entschluss reifen, nicht den gleichen Weg zu gehen.

Ein edler Mann

Dass unsere Familie noch anderthalb Jahre vor Deportationen bewahrt blieb, hing mit der Tätigkeit zusammen, die mein Mann verrichten musste.

Seit 1942 arbeitete er bei der Dortmunder Firma Sommer, einem kleinen Entrostungsbetrieb, der Zechentürme säuberte, eine gefährliche, schwere und gesundheitsgefährdende Tätigkeit. Sommer setzte hierfür eine Kolonne jüdischer Zwangsarbeiter ein, da er keine anderen Arbeiter fand.

Ein Freund wusste, dass Sommer versuchte, jüdischen Zwangsarbeitern zu helfen. Der Hinweis kam vom Vater Hans Steinwegs. „Ich glaube nicht, dass du Chancen hast. Versuche es doch einmal bei diesem Sommer!“ Sommer sagte, es täte ihm leid, aber er hätte zur Zeit keinen Arbeitsplatz frei. „Aber Sie haben bestimmt keinen, der so klettern kann wie ich und so schwindelfrei ist.“ Sommer hat wohl die humorvolle Art meines Mannes gefallen. Er sagte: „O.k. Dann kommst du morgen zur Zeche.“ Nach ein paar Tagen hat mein Mann gesehen, dass es unmöglich für ihn sei, seine Kräfte bei weitem überforderte. Er war ja bald 50 Jahre alt. Er ist dann zu Sommer gegangen und hat gesagt: „Ich habe gute Beziehungen zu Bauern. Ich kann Ihnen mal Brot und Wurst bringen oder ein halbes Huhn.“ Da ist er ohne den Stern mit dem Rad nach Nordkirchen, Herbern und Werne gefahren. Sommer hat meinen Mann dann vor schweren Arbeiten bewahrt. Er hat geholfen. Sommer forderte immer wieder meinen Mann an. Er hat Menschen so lange gehalten, wie es ging, ganz bewusst, um Menschen zu retten. Die Sommers wollten sogar Karin aufnehmen.

Zur Deportation aufgerufene Juden

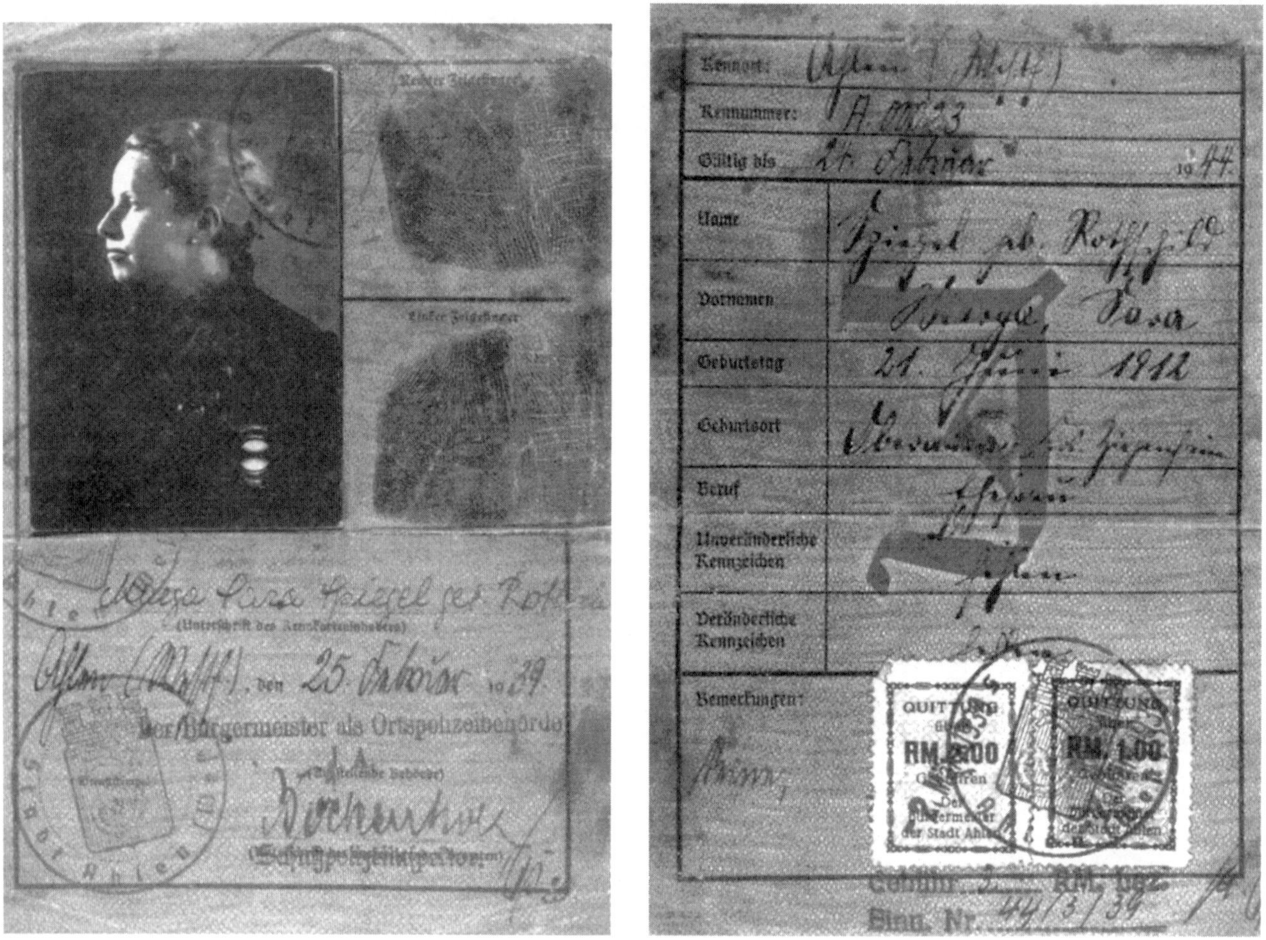
Kennort: Ahlen (Westf.)
Gültig bis 19 44
Name
Vornamen
Geburtstag
Geburtsort
Beruf
Unveränderliche Kennzeichen
Veränderliche Kennzeichen
Bemerkungen:
Quittung über RM 2.00 Gebühren
Quittung über RM. 1.00 Gebühren
Der Bürgermeister der Stadt Ahlen
Gebühr 3,- RM. bez.
Einn. Nr. 44/3/39
Ahlen (Westf.), den 25. Februar 1939
Der Bürgermeister als Ortspolizeibehörde

Ausweis Marga Spiegels mit aufgedrucktem „J" (Seite 1 und 2)

Ende Februar 1943 endete freilich diese für beide Seiten vorteilhafte Symbiose: Am 27. Februar dieses Jahres wurde unsere Familie zur Deportation aufgerufen. Der böse Zweck war freilich getarnt als Aufforderung, die Arbeitspapiere überprüfen zu lassen, weil sich den Deportationen schon einige für sie Bestimmte entzogen hatten. Dafür sollten wir am nächsten Morgen um 9 Uhr zum Schlachthof

Dortmund kommen. Ich glaubte dem Papier. Mein Mann aber durchschaute das Spiel. Noch am späten Abend, gegen 11 Uhr, gingen wir mit der kleinen Karin zu den Sommers und weckten sie. Dies zeigt, wie vertrauensvoll das Verhältnis war. Mein Mann erzählte, wir wollten in die Schweiz gehen. Herr Sommer sagte: „Das geht schon gut. Wir sehen uns wieder.“
Dies war auch so. Aber inzwischen ereignete sich viel.

Die erste Verhaftungswelle

Am 25. Februar 1939 wurden Kennkarten für uns ausgestellt: Es waren die ersten behördlichen Dokumente, die uns alle „kennzeichnen“ sollten, ein Ausweis, den wir immer bei uns führen mussten. Es wurden von uns Fingerabdrücke genommen, wie es sonst nur bei Verbrechern geschieht. Alle weiblichen Personen mussten zu ihrem Vornamen den Namen Sara, die männlichen den Zusatznamen Israel führen. Mussten!

Dafür waren 3 Reichsmark Gebühr zu entrichten: Für ein Dokument mit dem Aufdruck „J“ auf der Vorderseite. Und damit begann das „Müssen“.

Judenrein werden

Am 5. Oktober 1939 erging vom Ortsgruppenleiter in Ahlen der Befehl, dass alle Juden innerhalb einer Woche die Stadt verlassen mussten, andernfalls sie in einen leeren, dafür zur Verfügung gestellten Stall eingewiesen würden. So wurde die etwa 45 Familien zählende jüdische Gemeinde auseinandergerissen.

Es gab aber schon damals sehr viele Städte, die an Juden keine Zugangsgenehmigung erteilten. Man durfte nur in sogenannten „jüdischen Häusern“ wohnen.

Jeder ging dorthin, wo er gerade unterkommen konnte, nach Essen, Berlin. Eine Schwester meines Mannes ging

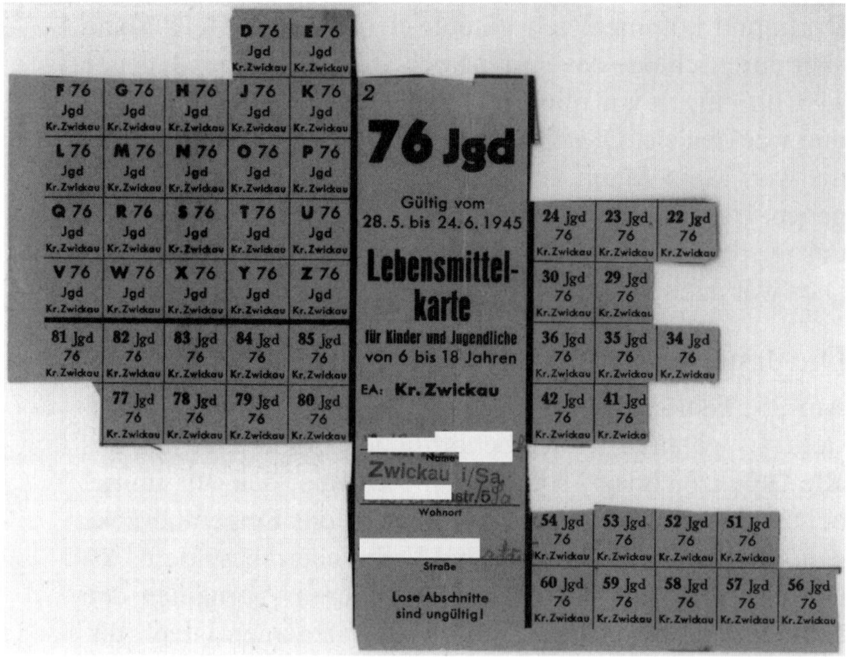

Lebensmittelkarte für Kinder und Jugendliche

mit ihrer Familie nach Rheydt, ein Bruder mit Frau und Kindern nach Essen. Wir bekamen zwei Zimmer bei noch drei anderen Familien auf einer Etage in Dortmund.

Unnütz wäre es – gemessen an dem, was noch kam – von all den Unannehmlichkeiten zu berichten, die auch dort auf uns warteten. Immer enger wurde der Raum, immer mehr Personen mussten aufgenommen werden, so dass wir nur einen einzigen Raum hatten und die Küche von sechs Familien benutzt werden musste. Auch dieses „Judenhaus“, das zwar einen jüdischen Besitzer hatte, in dem aber noch eine Anzahl anderer Familien wohnten, musste schließlich „judenrein“ werden.

Wir mussten deshalb in eine Baracke ziehen, die jahrelang unbewohnt gewesen war, weil sie als Wohnung unzumutbar sei. War es eigentlich schlimmer, dass kein Wasser und keine Toilette zur Verfügung standen? Oder bedrück-

Juden auf dem Weg zum Transport

te es uns mehr, dass wir für unser Kind niemals Vollmilch bekamen?

Der größte Teil unserer Lebensmittelkarten war schon lange mit einem „J“ überrollt und dadurch ungültig gemacht. So wurde fast alles abgestrichen, was andere bekamen: Was verblieb, waren Brot, Margarine und für schwerarbeitende Männer 150 Gramm Fleisch in der Woche. Selbst die Abschnitte unserer Lebensmittelkarte für Hülsenfrüchte wurden mit dem „J“ gekennzeichnet, so dass man in keinem Geschäft etwas dafür bekam.

Es gab auch damals einige wenige Menschen, die uns Gutes taten, die uns manchmal ein halbes Pfund Zucker gaben oder ein kleines Stückchen Wurst, wenn es niemand sah! Einmal lag sogar ein Päckchen mit Lebensmitteln vor unserer Tür. Wir haben niemals erfahren, wer der Geber war.

Die Transporte rollen

Ich spreche hier von „Transporten“ – als ob es eine so selbstverständliche Sache wäre! Dabei bedeutete „Transport“ doch fast ausnahmslos Tod, Vernichtung und furchtbares Leid. Wer damit weggeschickt wurde, dessen Weg war zu Ende.

Aber wir lebten damals schon so abgestumpft, gewohnt, alles hinzunehmen, wie es befohlen wurde. Den meisten von uns kam gar nicht der Gedanke, etwas anderes zu tun, etwas, das wir gar selber wollten! Wir durften nur zu bestimmten Zeiten einkaufen (wenn meist alles schon ausgeteilt war) – wir taten es. Wir durften abends nach Einbruch der Dunkelheit nicht auf die Straße – wir folgten. Wir durften nicht in Gruppen zusammenstehen, wir durften keine Straßenbahn benutzen, kein öffentliches Verkehrsmittel, wir durften keine Haustiere und keine Goldfische halten. Wir mussten Gold, Silber, Pelzmäntel, Radiogeräte und Fahrrä-

Marga und Karin Spiegel: Juden wurden durch die nationalsozialistische Gesetzgebung stark eingeschränkt; bald durften sie nicht mehr mit dem Bus fahren und nur noch zu bestimmten Zeiten einkaufen.

der abgeben. Wir befolgten alles, wir gehorchten wie dressierte Tiere, deren Wille gebrochen ist, die sich daran gewöhnt hatten, ihrem Beherrscher willenlos und widerstandlos zu folgen. Wir mussten einen Judenstern auf der linken Seite an allen Kleidungsstücken tragen, einen gelben sechszackigen Stern – wir trugen ihn.

Und wir gingen, gezeichnet mit diesem Stern, unseren vorgeschriebenen Weg.

Vorgeschrieben – von wem? Und alle, alle gingen.

Nur drei kamen zurück

Im Oktober 1941 lag ich todkrank in einem kleinen katholischen Krankenhaus in Kirchlinde, nachdem ich trotz dringenden Hilfsbedürfnisses (beginnende Leichenvergiftung durch Frühgeburt) in keinem Krankenhaus in Dortmund Aufnahme fand. Dort kam mir in meinem Fieber wieder das Geflüster von „Transporten nach dem Osten“ zu Ohren. Es wurde von Arbeitseinsatz gesprochen. Aber es wurde auch zugleich gemunkelt, dass es ein Weg ins Dunkel sei. Ein Weg, den wir alle zu gehen hatten, aber von dem niemand genau wusste, wohin er führte. Nur drei Menschen aus Ahlen sind aus den Lagern zurückgekommen. Von ihnen weiß ich, dass meine Schwester in Lodz (Litzmannstadt) war. Sie wurde von dort nach Auschwitz in die Vernichtung geschickt. Auch von den beiden Schwestern meines Mannes und ihren Familien – ihren Männern, einem Mädel von fünfzehn und einem Jungen von neun Jahren – kam niemand zurück.

Freunde im Münsterland

Schon in jenen Tagen muss Gott meinem Mann den Gedanken eingegeben haben, sich nicht verschicken zu lassen, sondern zu handeln. Der Gedanke ließ ihn nicht los. Er grübelte, wenn er bei der Arbeit war, und nachts ließ es ihm

Familie Spiegel; auch Fahrradfahren war Juden verboten

keine Ruhe: Wo kann ich mit meiner Familie bleiben? Wir hatten schon in den Jahren vorher auszuwandern versucht.

Als wir später unsere Auswanderung vorbereiten wollten, kam der Krieg dazwischen. Und nun machte mein Mann sich bittere Vorwürfe. Er musste versuchen, uns zu retten. Zu retten vor dem damals schon klar zu erkennenden bitteren Ende.

Er fuhr mit dem verdeckten gelben Stern im Zug oder mit dem Rad (was beides verboten war) zu alten Bekannten und Freunden. Da war ein Mann, den Gott nie genug belohnen kann, Herr Hubert Pentrop in Nordkirchen, der meinem Mann sagte: „Wenn sie dich nach Polen schicken wollen, geh nicht mit. Von dort hört man nichts Gutes. Komm zu mir, ich verstecke dich!" – Das war ein Freudentag für uns, als mein Mann diese Nachricht heimbrachte! Aber wo sollte ich mit meinem Mädelchen bleiben? Mein Mann fuhr und fragte, er ließ nicht locker.

Er bekam eine Absage nach der anderen. Und die Transporte liefen …

Im Winter waren es alte, kranke Leute, die man verfrachtete. Wie fühle ich noch diesen Tag. Es war so kalt, wie ich es nicht mehr erlebte. Im Sommer folgten neue Transporte. Würden wir dabei sein?

Die Zeit drängte. Und siehe, Gott half auch da. Mein Mann kam eines Tages zurück mit einer Freudennachricht, die er selbst noch kaum glauben konnte. Frau Aschoff aus Herbern konnte ihr gutes Herz nicht verschließen. Sie wusste, weil sie es von Soldaten und Kraftfahrern gehört hatte, von der Existenz der Konzentrationslager und konnte die Bitte nicht abschlagen, mein Kind und mich aufzunehmen und dadurch zwei Menschen vor dem sicheren, gewaltsamen Tod zu retten.

Juden versammeln sich „zur Prüfung ihrer Arbeitspapiere" vor dem Schlachthof

Mein Mann hatte noch einige andere Vertraute befragt, ob sie uns für einige Zeit aufnehmen würden, im Falle der

Not. Auch da erhielt er von diesem und jenem eine Zusage. Aber würden sie die Kraft haben, diese Zusage auch aufrechtzuerhalten?

Zwecks Prüfung

So kam der 27. Februar 1943 und mit ihm der Transport für die letzten noch in Deutschland verbliebenen Juden. Der Befehl, uns zu diesem Transport einzustellen, war damals bereits getarnt. Man befürchtete wohl, der eine oder andere könne sich widersetzen.

„Sie haben sich zwecks Prüfung Ihrer Arbeitspapiere vormittags, 9 Uhr, am Schlachthof Dortmund zu melden. Arbeitspapiere sind mitzubringen."

Wie viele gingen mit ihrem Arbeitszeug, nichts in der Hand als eine Schnitte Brot?

Ich sah sie alle, manche mit einem Rucksack oder einem Paket unter dem Arm, aber alle mit dem „Judenstern", dem Stern, der sie als Menschen zweiter Klasse zeichnen sollte.

Nie vergesse ich das Gesicht eines großen, hageren Mannes mit scharf geschnittener Nase; gebückt ging er, ergeben in sein Schicksal. Ich sah Augen, die so unsagbar traurig waren, große schwarze Augen, in denen sich das ganze Schicksal unseres Volkes spiegelte.

Auch der einzige noch lebende Bruder meines Mannes – der andere fiel im 1. Weltkrieg – stellte sich mit seiner Frau und zwei hübschen, gesunden Kindern.

Nicht einer kehrte zurück. Von siebenunddreißig Familienangehörigen blieb nicht ein einziger übrig.

Weg ins Ungewisse

Mein Mann war schon morgens gegen 5.30 Uhr von uns gegangen. Wir standen beide vor unserem Kind, das noch fest und ahnungslos schlief. Was würde die Zukunft bringen? Würden wir uns jemals wiedersehen?

Siegmund Spiegels Aufbruch ins Ungewisse erfolgt bei Nacht und Nebel

So trat mein Mann seinen Weg an, den Weg ins Ungewisse, aber innerlich gefestigt durch die Gewissheit, zu Menschen zu kommen, und mit der Hoffnung im Herzen, dass uns dieser Weg von Gott vorgeschrieben sei.

Ich legte mich noch einmal nieder, um das Kind nicht zu wecken, und überdachte alles. Wie schwer ich es meinem Mann doch bis jetzt gemacht hatte, den von ihm gefassten Plan auszuführen! Ich hatte mich fest entschlossen gezeigt, den Weg mit all den Unseren zu Ende zu gehen. Ich wollte keine Ausnahme sein. Und welche Mühe hatte mein Mann, mich davon zu überzeugen, dass Gott auch einige dazu ausersehen haben könnte, das Furchtbare zu überleben!

Ich wollte nicht untertauchen, weil mir schon das Vorhaben aussichtslos schien. Nur ein paar Kilometer von Ahlen entfernt sollte ich leben, mich frei bewegen! Mein Mann wollte sich ganz verbergen, für keinen sichtbar sein – aber ich? Ich hatte doch ein kleines Kind! Ein Kind kann man nicht jahrelang versteckt halten, ohne dass es sich bemerkbar macht. Ich war noch mehr als mein Mann der Gefahr ausgesetzt, erkannt zu werden, ohne es zu wissen. Denn in einer kleinen Stadt wie Ahlen kannte jeder meinen Mann und auch mich als seine Frau. Aber ich, die nur eineinhalb Jahre dort gelebt hatte, ich kannte nur sehr wenige dort.

Auch Mutter und Tochter müssen ihre Heimat verlassen

Das alles überdachte ich nochmals. Ich stellte mir vor, wie mein Mann unermüdlich unser Töchterchen Karin „geschult" hatte, seitdem sein Vorhaben feststand. Er hatte ihr ein Märchen erzählt, wie man es Kindern erzählen kann, die ihren Eltern glauben und vertrauen. Er sagte ihr jeden Tag und immer wieder, dass er Soldat werden müsse, Mutter und sie aber zu einem Bauern gingen; dort würden keine Bomben fallen, und wir würden besseres Essen haben. Er sagte ihr eindringlich, dass das nur ginge, wenn sie einen neuen Namen habe. Sie müsse dann Karin Krone heißen und nichts anderes sagen.

Er spielte immer wieder mit ihr dieses „Ausfragen“: „Wie heißt Du denn, Kleine?“ Sie antwortete stets: „Karin“. – „Und wie heißt Du weiter?“ fragte mein Mann. „Krone“, war ihre prompte Antwort.

Das hörte ich tausendmal. Würde sie es auch sagen, wenn sie ein anderer fragte?

Das alles schwirrte mir im Kopf herum am Morgen unserer Flucht. Ich nahm mein Kind an die Hand, in der anderen hatte ich einen Karton. Karin trug ein Püppchen.

Auf dem Weg zum Bahnhof sah ich viele der Unseren, die sicherlich glaubten, dass wir uns auch „stellen“ wollten. Niemand wusste von unserem Vorhaben. Nicht einmal seinem Bruder sagte mein Mann, wohin wir gingen. Er hatte nicht den Mut dazu. Wir hatten durchblicken lassen, eventuell in die Schweiz zu flüchten. Es durfte niemand unseren wahren Plan kennen. Man hätte ihn vor der Geheimen Staatspolizei (Gestapo) ausfragen, foltern und bedrohen können, und er würde uns vielleicht dann doch noch verraten haben.

Klopfenden Herzens löste ich eine Fahrkarte nach Capelle, der nächsten Bahnstation nach Herbern.

Schon am Fahrkartenschalter meinte ich, alle Leute würden mich beobachten, kam aber unbehelligt durch die Sperre und in den Zug.

Die Fahrkarte gab ich am Ziel nicht ab, ich behielt sie als Talisman. Meinen Stern trennte ich im Zug ab, warf ihn aber nicht weg, sondern versteckte ihn.

Er wäre mir bald schon beinah zum Verhängnis geworden …

Warten am Bahnhof

Capelle

Südliches Münsterland

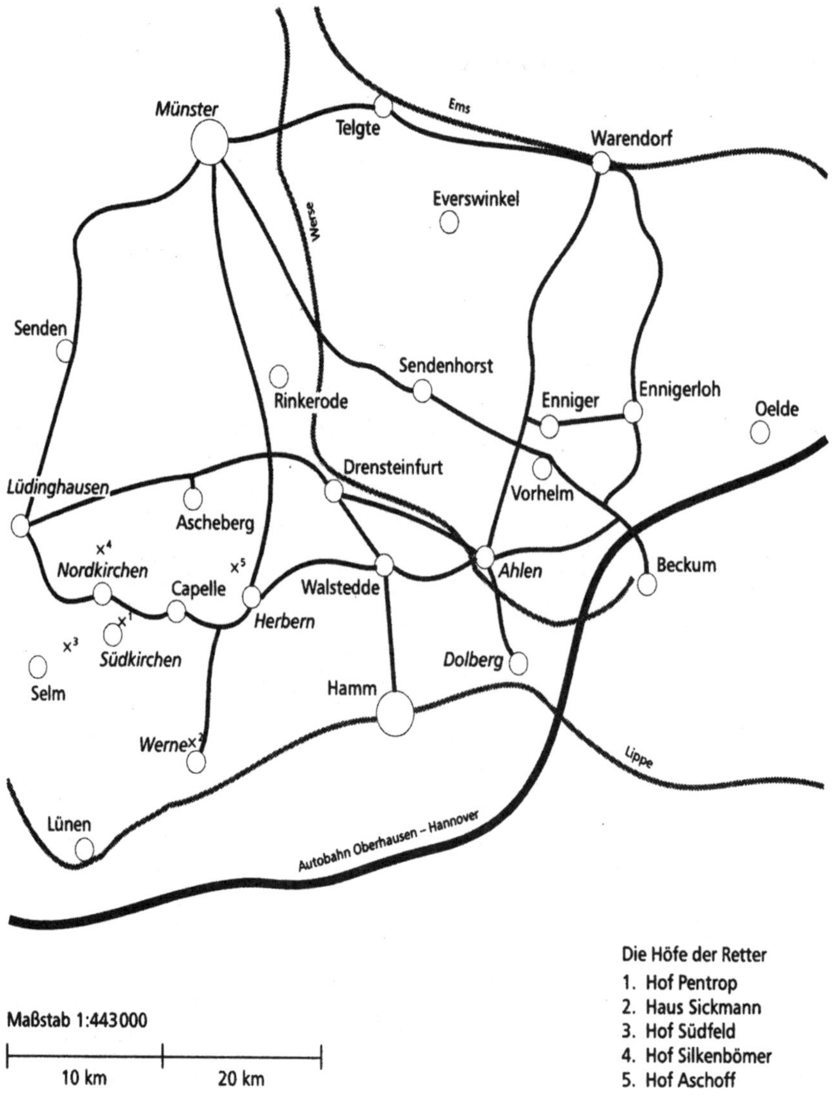

Südliches Münsterland

3. Versteck

Als wir untertauchten

Zur selben Zeit, als uns der Zug immer näher unserem ungewissen Schicksal entgegenbrachte, wurde im Schlachthof Dortmund, der als Sammellager diente, beim Ausrufen der Namen unser Fehlen bemerkt. Der Bruder meines Mannes wurde verhört und bedroht und man wollte ihm seine wiederholte Versicherung nicht glauben, dass er nichts von unserem Verbleib wisse. Auch die Männer, die mit meinem Mann zusammen gearbeitet hatten, wurden genauestens verhört. Auch sie konnten – wie mein Schwager – nur immer wieder sagen, dass wir in die Schweiz flüchten wollten. Das alles erzählte uns Jahre später der einzige Überlebende dieses Transportes: Jakob Lickier aus Dortmund, der mit meinem Mann zusammen auf der gleichen Arbeitsstelle gewesen war.

Doch das, was er uns außerdem erzählte, möchte ich nicht vorwegnehmen...

Und der Zug rollte weiter. Die Gedanken während dieser Stunde lassen sich schwer in Worte fassen. In meinem Kopf schwirrten die widersprechendsten Vorstellungen wirr durcheinander.

Hätten wir nicht doch besser versuchen sollen, über die Schweizer Grenze zu fliehen? Ein Bekannter aus Dortmund war für uns zu einem Geschäftsfreund meines Mannes gefahren, dessen Haus unmittelbar an einem unbewachten Grenzstück lag. Dieser erklärte sich bereit, uns durch sein Haus auf die andere Seite in die Schweiz zu befördern.

Aber da war die Schwierigkeit, dass mein Mann keinen Wehrpass hatte. Mir selber wollte die Frau unseres Bekannten ihren Pass überlassen. Er wäre bei der damals sehr strengen Zugkontrolle nach dem Wehrpass gefragt worden. Und da mein Mann im wehrpflichtigen Alter war, wäre es unmöglich gewesen, unbehelligt bis zur Schweizer Grenze zu gelangen.

Übrigens stand im Fahndungsblatt zu lesen, dass wir in die Schweiz geflüchtet seien und unser Vermögen beschlagnahmt wäre. Das war für uns ein Glück, denn so unterblieb vorläufig in Deutschland die Suche nach uns.

Aber war das, was wir jetzt anstrebten, nicht genauso unmöglich?

Gewiss hatten wir mit Frau Aschoff verabredet, dass wir sie anrufen wollten, wenn Gefahr drohe. Aber insgeheim haben doch Familie Aschoff und auch wir immer noch gehofft, dass es nicht dazu kommen möge.

Und jetzt war es soweit. Es gab kein Zurück mehr für uns.

In Werne hatte der Zug Aufenthalt. Ich rief von dort aus an und sagte Frau Aschoff, dass ich kurz vor Mittag in Capelle sei. Welchen Schrecken mag die Ärmste bekommen haben! Sie ließ mich aber nichts davon merken und schickte uns ihre Tochter, die uns mit dem Fahrrad am Bahnhof Capelle abholte.

Es war ein schöner Vorfrühlingstag, als wir nebeneinander den schwarzen Schlackenweg entlanggingen, das Kind auf dem Fahrrad schiebend. Aber mein Herz war schwer, schwer ob all dieser Ungewissheit. Welche Verantwortung hatten doch die Familien auf sich genommen, um unseren Plan zu verwirklichen!

Wir sprachen von belanglosen Dingen, denn wir sollten ja auch auf dem Hof nicht die Möglichkeit haben, mit den Mitbewohnern unsere Lage zu erörtern. Wie wir nach

Herr Spiegel auf dem Weg in sein Versteck

dem Krieg erfuhren, war dies anderen möglich, die im Ausland versteckt gehalten wurden. So in Holland, wo meine Verwandten von der Untergrundbewegung in Sicherheit gebracht wurden. Hier half eine Familie der anderen, wenn Gefahr drohte. In Deutschland aber mussten wir in jedem Menschen einen Feind sehen, der uns – bewusst oder unbewusst – verraten konnte. Und hier machten wir den Versuch unterzutauchen unter den ungünstigsten Umständen.

Man muss sich vergegenwärtigen, wie die Lage noch im Februar 1943 war. Die deutschen Truppen standen in ganz Europa, vom Nordpol bis nach Afrika. Es herrschte noch reinste Siegeszuversicht. Und in dieser Zeit fanden sich edle Menschen bereit, uns bei sich aufzunehmen!

Dies kann gar nicht genug hervorgehoben werden!

Welcher Gefahr setzten sich diese Menschen aus – unvorstellbar, was mit ihnen allesamt geschehen wäre, hätte man uns entdeckt. So mögen meine Gedanken gewesen sein, als wir auf dem wunderschönen, ganz nahe am Wald gelegenen Bauernhof ankamen.

Ich lernte nach und nach die ganze Familie kennen: Herrn Aschoff, einen aufrichtigen, geraden Mann, den Typ des Münsterländer Bauern; Frau Aschoff, mit einem Herzen voll Güte und Liebe; und dann die acht Kinder.

Und da begannen schon die Schwierigkeiten: Wir beschlossen, nur den ältesten beiden Töchtern die Wahrheit zu sagen. Der älteste Sohn war beim Militär, und die anderen Kinder gingen teilweise zur Schule. Sie waren zu jung, um unser Geheimnis kennen zu dürfen, sie konnten die Schwere eines solchen Geheimnisses nicht ermessen und uns vielleicht unbewusst ins Verderben stürzen.

Die ersten Tage und Nächte waren schlimm für mich. Nicht, dass wir nicht gut aufgenommen waren, ein schönes Zimmer, gut zu essen hatten. Nein, es war das Neue, Unbekannte, die Ungewissheit. Ungewissheit auch darüber, ob

Auf dem Weg zum Hof Aschoff

mein Mann an sein Ziel gelangt war. Ungewissheit, wo sich alle meine Verwandten, die letzten, die uns noch verblieben waren, jetzt befanden. Aber den ersten Schrecken sollte ich bekommen, als ich nach knapp einer Woche von der Tenne in die Küche kam und einen Wachtmeister sah, wie er mein Kind zu sich heranzog und sie fragte: „Na, Kleine, wie heißt du denn?" – „Karin" – „Und weiter?" Mir blieb fast das Herz stehen...

„Krone", sagte sie prompt. Da nahm sie der Wachtmeister auf den Schoß, kraulte in ihren blonden Zöpfen und sagte: „Du bist doch wirklich ein richtiges deutsches Mädchen!"

Die erste Gefahr war vorüber. Wo drohte sie uns weiter?

Ich begann, mir Beschäftigung zu suchen, wo ich gerade helfen konnte.

Die Frau des Ingenieurs

Ich wurde als Frau Krone ausgegeben, wir seien ausgebombt, mein Mann sei Soldat, und das diente als Grund meines Aufenthaltes.

Wir hofften, dass man uns das glaubte. Es kamen damals wirklich einige ausgebombte Familien auf den Hof, unglücklicherweise aus Dortmund. Karin, die sich in der Weite der Wiesen und Felder sehr wohl fühlte – kein Wunder, wo sie aus der engen Barackenbehausung kam – erzählte frei, dass sie auch in Dortmund gewohnt habe. So wurden wir darauf gestoßen, uns auch über andere Einzelheiten zu einigen, über den Beruf meines Mannes etwa, wenn man danach fragen sollte.

Da Karin gelegentlich mit meinem Mann zur Zeche gegangen war, um Arbeitskleidung und dergleichen zu holen, wollten wir ihr nicht noch mehr Lügen aufgeben und beschlossen, meinem Mann den Beruf eines Ingenieurs bei der Zeche anzudichten. Frau Aschoff meinte, ich sähe nicht

Der Soldat fragt Karin nach ihrem Namen

recht wie eine Arbeiterfrau aus, und ein Ingenieur wäre nicht so vielen bekannt.

Einige Monate später saß ich an der Nähmaschine. Frau Aschoff strickte im gleichen Raum. Da kam Karin herein: „Mutti, was ist mein Papi?" Ich fragte sie entsetzt, wer sie das gefragt habe. Da ich ihr immer wieder empfohlen hatte, sie solle mir sofort Bescheid geben, wenn jemand irgend etwas von uns wissen wolle, sagte unser fünfjähriges Mädelchen prompt: „Mutti, reg dich nicht auf, ich sage schon, wenn etwas ist. Mich hat nur das Nachbarmädel gefragt. Als ich ihr sagte, Papa sei Soldat, hat sie geantwortet, ein Papa müsse noch etwas anderes sein." Erleichtert merkten wir, dass sie nach dem Beruf meines Mannes gefragt hatte, und verabredungsgemäß sagten wir: „Sag, dein Papa ist Ingenieur!" Zwei Minuten später kam sie zurück und sagte: „Mutti, können wir nicht was anderes sagen, was Papa sein soll? Das Wort kann ich nicht behalten."

Ich erwähne das deshalb, weil darin eine unsagbare Tragik liegt. Schon ein Kind weiß und fühlt, ob etwas wahr ist oder ob etwas vertuscht werden muss. Ist das überhaupt noch ein Kind? Und wie leid tat sie mir immer, die Kleine! Wohl spielte sie mit anderen Kindern, lachte und scherzte mit ihnen. Aber wenn sie mich an jedem Abend immer wieder bat, sogar innig flehte, mit ihr zu Bett zu gehen, wusste ich zutiefst, dass es mehr war, als wenn ein Kind nicht allein schlafen will.

Sie hat genau die ganze Angst gefühlt, sie wusste – wenn auch im Unterbewusstsein – durch das mit uns Erlebte, das Sterntragen, das Versteckthalten, dass sie mehr in Gefahr war als nur durch den Krieg und die Bomben. Und ging es mir anders? Wenn ich mein Mädel zu Bett legte, und wenn sie nachts neben mir schlief, ging es mir immer wieder durch den Sinn: Würde ich sie morgen noch bei mir haben?

Mein Mann ging gefestigter in die Illegalität, hatte er doch von einigen Familien die Zusage, dass sie in äußerster Not ihn verstecken wollten.

Aber wie viele Schwierigkeiten sollte ihm gleich der Beginn bringen!

Von Dortmund aus fuhr er zu einer Landwirtsfamilie in Dolberg. Seit seinem letzten Besuch hatte sich dort allerdings viel ereignet. Die Brüder waren Soldat geworden, und nur die Schwestern waren noch auf dem Hof. Sie zeigten denn auch nicht den gleichen Mut wie ihre Brüder. Aber wer kann ihnen deswegen zürnen?

Gewiss war es sehr schwer für meinen Mann, die Unruhe, die Nervosität der Schwestern immer deutlicher zu spüren, bis sie ihm am 17. März eröffneten, sie hielten es einfach nicht mehr aus, er müsse gehen.

Wer kann das ermessen, was es heißt, weggeschickt zu werden, auf der Straße zu stehen, wenn man der Zeitung und dem Bericht der Leute nach gar nicht mehr „existiert“?

Heinrich Aschoff 1943

Durchs Land gehetzt

Am 17. März – am Gertrudistag – rief mein Mann mich dann von Werne aus an. Wir hatten dort eine hilfsbereite Familie gefunden, die uns oft mit Nahrungsmitteln versorgt hatte und zu denen ich mit meiner Tochter auch hätte kommen können. Die jüngste Tochter der Familie Sickmann hieß Ulla. Mein Mann und ich hatten insgeheim verabredet, uns auf den Treffpunkt Ulla zu einigen, wenn Gefahr drohe. So hätte auch niemand wissen können, was gemeint war, selbst wenn ein Brief geöffnet worden wäre.

Nun sollte ich so bald meinen Mann wiedersehen – leider, musste man den Umständen nach sagen. Denn mit der Tatsache, dass mein Mann schon nach knapp drei Wochen seinen Unterschlupf verlassen musste, hatten wir nicht gerechnet.

Herr Sickmann aber zeigte keine Angst. Ohne Zögern wollte er helfen, wo er nur konnte. Eine Nacht blieb mein Mann dort. Aber es hätte sich in ihrem Haus, das direkt an der Hauptstraße liegt, keine Bleibe finden lassen, die nicht vom Personal oder von Fremden eingesehen worden wäre.

Was sollten wir tun?

Am nächsten Morgen fuhr Herr Sickmann meinen Mann im Kutschwagen zur Familie Pentrop in Nordkirchen, die als erste meinem Mann eine Zufluchtsstätte angeboten hatte. Aber es schien sich alles gegen ihn verschworen zu haben. Gerade er, der nur um uns beide fürchtete und an die Sicherheit seiner Unterkünfte so fest glaubte, sollte auf lauter Schwierigkeiten stoßen!

Frau Pentrop, die ihr siebtes Kind erwartete, musste unvorhergesehenerweise einige Monate im Krankenhaus zubringen. Das war das erste, was mein Mann erfuhr. Es war niederschmetternd für ihn. Aber Herr Pentrop sagte ohne Zögern: „Du bleibst erst mal hier, dann müssen wir sehen, was wir weiter machen!“

Mein Mann erhielt das Zimmer des Bruders, der Soldat war. Es lag auf dem gleichen Flur, auf dem die Zimmer für die Familie waren. Das Personal – es gab damals Fremdarbeiter, Pflichtjahrjungen und polnische Mädchen – hatte seine Zimmer an einem anderen Flur.

Dies schien alles prächtig dazu eingerichtet, dass mein Mann von niemand gesehen werden konnte. Da aber die Frau des Hauses krank war, hatte Herr Pentrop die Tochter eines ihm bekannten Landwirts gebeten, ihn und die damals noch kleinen Kinder so lange zu betreuen. Sie wohnte auf dem gleichen Flur wie die Familie.

Herr Pentrop brachte meinem Mann abends, wenn alle zu Bett waren, etwas heiße Milch und Essen, das er gerade in der Küche vorfand. Mein Mann schlich sich dann in der Nacht die Treppe hinab, um seine Notdurft zu verrichten.

Maria Südfeld, so hieß die Vertretung der Hausfrau, hörte das Knarren der Treppen. Sie sagte am Morgen zu Herrn Pentrop, sie bleibe nicht länger im Haus, sie fürchte sich, es spuke dort nachts!

Als Herr Pentrop dies meinem Mann berichtete und als dieser feststellte, dass es sich um die Tochter eines auch ihm bekannten Landwirtes handele, beschlossen beide, Fräulein Südfeld einzuweihen. Welcher andere Ausweg wäre ihnen auch geblieben, sie hatten keine Wahl ...

Von da an schien sich die Waagschale wieder zugunsten meines Mannes zu neigen. Dieses Mädchen hatte so viel Glauben an das Gute, dass es sofort versprach zu schweigen, meinen Mann zu versorgen und mit aufzupassen, dass niemand von seinem Aufenthalt erfuhr.

Johanna Sickmann, Bernhard Sickmann und Heinrich Silkenbömer (v. l.)

Das Wiedersehen

Zunächst ging alles gut. Mein Mann blieb auf seinem Zimmer, allein mit sich und seinen Gedanken. Er war aber gefestigt in seinem Glauben, dass ihm dieser Weg vorgeschrieben sei. Das hilft über vieles hinweg. Mein Mann schrieb mir einen Brief, dass es ihm gut gehe, dass Herr Pentrop immer abends zu ihm käme und dass Fräulein Südfeld ihn versorge.

Ich erhielt sogar die Erlaubnis, meinen Mann zu besuchen. Man kann diese Güte nie vergelten. Ich kam zu diesen wackeren Menschen, die mich doch gar nicht kannten, aß mit ihnen und wurde aufgenommen, als ob ich zu ihnen gehörte.

Heimlich, ohne dass auch nur jemand etwas ahnen durfte, ging ich dann hinauf zu meinem Mann. Wir konnten uns wieder einmal sehen und sprechen – es bedeutete so viel für uns! Auch unser Kind hat mein Mann dort gesehen: Die älteste Tochter von Aschoffs erklärte sich bereit, Karin auf dem Rad zu Pentrops zu fahren und dort im Garten mit ihr zu spazieren, so dass mein Mann sie durch das Fenster sehen konnte. Welch glückliches Gefühl kann es für einen armen, verfolgten Menschen sein, wenn er sein Kind nur einmal wiedersehen kann!

Damals fragte mich Karin immer wieder, wann denn ihr Vater als Soldat einmal Urlaub bekäme, wie andere Väter auch. Um ihrem Wunsch zu entsprechen und auch, um meinem Mann Gelegenheit zu geben, mit seinem Kind zu sprechen, beschlossen wir, ihr einen solchen Urlaub „vorzuspielen".

Wir erzählten ihr, der Vater käme für ein paar Stunden von seiner Truppe fort, und weil er wisse, dass wir nicht mehr in Dortmund seien, käme er zu Pentrops. Natürlich war alles reichlich unglaubhaft – aber was kann man einem kleinen Mädchen von fünf Jahren nicht alles vormachen!

Es war ein trüber Tag im November 1943. Karin und ich weilten damals einige Wochen bei Pentrops. Karin ahnte nichts von dem Versteck, in dem ich meinen Mann heimlich besuchte. Wir wählten eine Zeit am frühen Abend, als die anderen Kinder schon zu Bett lagen und das Personal auf den Zimmern war. Karin durfte als einzige aufbleiben, da ja ihr Vater „auf Urlaub käme". Sie konnte es kaum erwarten und hatte die Vorstellung, nach ihren Fragen zu urteilen, die sie in diesen Monaten immer wieder gestellt hatte, ihren Vater selbstredend in Uniform zu sehen.

In Feuerwehr-Uniform

Aber woher die Uniform nehmen? Mein Mann lieh sich von Herrn Pentrop eine Feuerwehrjacke und -mütze. Das Ganze sah irgendwie nach Uniform aus. Diese „Verkleidung" war uns allen bekannt. Was aber tat mein Mann? Als Freiwilliger des ersten Weltkrieges wusste er, dass zu einer Uniform auch meistens ein Orden gehört. Als er aus Dortmund weg musste, hatte er – vielleicht, dass es ihm noch einmal Glück

Herr Spiegel richtet sein spärliches Versteck her

Eisernes Kreuz

bringen möchte – sein Eisernes Kreuz mitgenommen. Er trug es immer bei sich. Nun, wo er als „Soldat" zu seiner Tochter kommen sollte und keine Nadel fand, sich das Kreuz anzustecken, band er es sich kurz entschlossen mit einem Band um den Hals.

So trat er zu Karins größter Freude ins Zimmer und begrüßte auch uns formell. Als er dann sein Töchterchen zu sich auf den Schoß hob, himmelte Karin ihn an und rief, das Eiserne Kreuz in der Hand, ganz erfreut aus: „Papi, du hast ja das Ritterkreuz!"

Es entstand eine heikle Situation. Frau Pentrop verließ rasch das Zimmer, weil sie sich des Lachens nicht erwehren konnte.

Und doch war es eine makabre Szene: Ein Mann, der Schulter an Schulter mit seinen Kameraden gekämpft und eine „Auszeichnung für Verdienste vor dem Feind" erhalten hatte, musste sich verborgen halten, verstecken vor den gleichen Kameraden, mit denen er für die gleiche Sache gestritten hatte: Für Deutschland.

Als ich von meinem Mann fortging, war sein Glaube auf mich übergegangen. Mein Mut war gestärkt – und wir hatten ihn bitter nötig!

Bald schon kam ein neuer Schreckenstag: Der 22. November 1943.

Im Haus der Familie Pentrop wurde eine Heizungsanlage eingebaut. Dazu mussten in den einzelnen Räumen Rohre verlegt werden und mein Mann war gezwungen, sich jeweils in einem Raum aufzuhalten, der von den Handwerkern nicht betreten wurde. Dass er auch manchmal auf dem Dachboden bleiben musste, machte ihm nicht das geringste aus, fühlte er sich doch immer noch in Sicherheit.

Sicherheit . . . ?

Der Willkür ausgeliefert

Der auf dem Hof beschäftigte Pflichtjahrsjunge hatte das allabendliche Klopfzeichen bemerkt, das Herr Pentrop meinem Mann bei seinem Kommen gab, und – wie wir später erfuhren – zu der polnischen Arbeiterin gesagt, sie solle mit aufpassen. Der Bauer ginge öfters auf ein Zimmer, das auf dem anderen Flur läge. Dort müsse sich etwas Geheimnisvolles abspielen, eine Person versteckt sein oder etwas Ähnliches. Wegen der Arbeiten im Haus, bei denen er den Handwerkern zur Hand ging, fand der Junge das verschlossene Zimmer vor. Seine Neugierde ließ ihm keine Ruhe – kurz entschlossen gab er das gleiche Zeichen, das er wiederholt gehört hatte. Mein Mann öffnete ahnungslos die Tür.

Vor ihm stand ein Fremder!

Welcher Schrecken, der mit einemmal seine ganzen Pläne durchkreuzte! Ein Uneingeweihter, in dessen Hand das Schicksal meines Mannes und der ganzen Familie Pentrop lag!

Mein Mann berichtete sogleich Herrn Pentrop von dem Vorfall. Er wusste, dass er dort nicht bleiben konnte. Er musste fort. Aber wohin?

Eine Familie in Ascheberg hatte ihm versprochen, dass er sich dort einige Zeit verbergen könne. Er musste es versuchen, ob sie zu ihrem Wort stand.

An diesem 22. November, einem trüben Herbsttag, traurig-wehmütig wie die Tage oft nach Allerheiligen sind, warteten Herr Pentrop und mein Mann das Eintreten der Dunkelheit ab, bestiegen heimlich den Kutschwagen und fuhren in Richtung Ascheberg. Sie sprachen nicht viel. Schwer lastete die Sorge auf ihnen, die Sorge darüber, was entstehen konnte, wenn der Junge seine Entdeckung preisgab.

Herr Pentrop musste gegebenenfalls ableugnen, damit etwas zu tun zu haben. Aber wie schwierig gestaltete sich die Situation für den Flüchtenden! Seines Versteckes war er beraubt. Nun stand er wieder auf der Straße, der Willkür ausgeliefert. Wenn ihm nicht ein gütiges Herz eine neue Tür öffnete – was dann?

Wie Freiwild gejagt

Die beiden im Kutschwagen beschlossen, zuerst mich von dem Vorgefallenen zu unterrichten. So kam denn an dem gleichen Abend der Wagen mit geschlossenen Vorhängen über das holprige Hofpflaster gefahren. Welch ungeahntes Wiedersehen war das für uns!

Auf dem Aschoffschen Hof, auf dem ich mit unserem Kind weilte, konnte mein Mann auch nicht eine Nacht bleiben. Es hielten sich dort so viele Evakuierte auf, dass er sofort bemerkt werden konnte.

Wie war mir zumute, als ich zu den beiden in den Kutschwagen stieg! Das Herz krampfte sich mir vor Angst zusammen, Angst vor dem, was jetzt werden würde. Wir hatten keinerlei Unrecht getan, mussten uns verbergen, weil wir wie Freiwild gejagt wurden. Verbergen – vor Menschen.

Menschen? Vor solchen, die uns wegen unseres Glaubens hassten, verfolgten und töteten! Was konnten wir, was unser kleines, unschuldiges Mädelchen dafür, dass wir als Juden geboren waren? Waren wir nicht alle Geschöpfe Gottes?

Die Gedanken überstürzten sich während der traurigen Fahrt, die uns zu dem Ascheberger Bauernhof brachte.

Mein Mann sagte dort nicht, weshalb er aus seiner Unterkunft fort musste. Die Menschen wären dann noch ängstlicher gewesen, ihm Unterschlupf zu gewähren. Wie glücklich waren wir dann doch, als sie meinem Mann ein Zimmer zuwiesen und versprachen, ihn vorerst bei sich zu behalten.

Bauer Aschoff mit einem Arbeiter

Hof Aschoff in Herbern

Etwas zuversichtlicher, als ich gekommen war, verließ ich den Hof. Ich hatte noch einige Kilometer zurückzugehen. Draußen regnete es ganz fein. Ich lief allein in die Nacht hinaus, allein mit meinen Gedanken, die immer wieder um das eine kreisten: Würde Gott uns beistehen, würden wir durchkommen?

Völlig durchnässt kam ich wieder in meinem Asyl an – ich hatte den Regen kaum gespürt. Wie wohl taten mir die mitfühlenden Blicke meiner Freunde dort!

Die Nacht kam, der Schlaf, und so glätteten sich auch meine Gedanken wieder. Vorerst war wieder eine Gefahr gebannt. Wir konnten nur hoffen und beten!

Das ist ja Frau Spiegel!

So kam die vorweihnachtliche Zeit – und wieder sollte mich ein neuer Schrecken treffen. Ich half der Hausfrau bei ihren Vorbereitungen für das Weihnachtsfest. Da kam Besuch herein. Ich dachte an nichts Schlimmes, da ich doch jeden Tag neue Gesichter zu sehen bekam. Als der Besuch gegangen war, berichtete mir Frau Aschoff, die Frau habe gesagt:

Bauer Aschoff

„Das ist ja Frau Spiegel, was macht die denn hier?“ Auf die Antwort von Frau Aschoff, dass das nicht Frau Spiegel, sondern Frau Krone aus Dortmund sei, habe sie ein wenig gelächelt und nichts mehr gesagt.

Was jetzt?

Ich war völlig durcheinander.

Wir berieten uns und ich glaubte schon, dass es jetzt nicht mehr weiterginge. Jeden Augenblick musste ich fürchten, diese Unbekannte könne es bekanntmachen, dass ich mich mit meinem Töchterchen illegal auf dem Aschoffschen Hof aufhielt. So konnte ich nicht einmal der Gefahr ins Auge sehen; sie umgab mich unsichtbar und konnte mich treffen, wann immer der Zufall wollte.

Da diese Frau, die mich erkannte hatte, eine Gastwirtschaft besaß, bat ich Herrn Aschoff, noch am gleichen Abend dort einzukehren und zu versuchen, ob er etwas erfahren könne. Ich konnte seine Rückkehr kaum erwarten. Aber erst am folgenden Tag fand sich eine Gelegenheit, ihn über das Ergebnis seiner Aussprache mit der Wirtin zu befragen. Zunächst war ich ganz bestürzt, denn Herr Aschoff sagte, die Wirtsfrau habe nichts von der Begegnung erwähnt, und so hatte auch er es für richtig gehalten, ebenfalls nicht davon anzufangen.

Heute weiß ich – von ihr selbst –, dass sie absichtlich schwieg. Sie wollte nicht unseren Rettern neue Sorgen bereiten. Sie wollte niemand verraten – sie hat geschwiegen.

Erst allmählich lernte ich wieder, freier zu atmen und nicht in jedem Menschen einen Feind zu sehen, der den Hof betrat. Ich ahnte damals, dass die Frau, die mich erkannte hatte, ihr Wissen für sich behalten wollte, weil sie ihr Gewissen mit keinem Verrat belasten wollte.

Ein Nazi-Weib

Polizei im „Dritten Reich“

Aus dieser Zeit habe ich eine Erinnerung, über die ich heute lächeln muss. Es waren einige Flüchtlingsfamilien mit uns auf dem Hof, und durch das längere Zusammensein kannte ich auch deren Einstellung zu dem Regime Hitlers ziemlich genau. Ich unterhielt mich jedoch absichtlich nicht mit ihnen über Politik – meine wahre Meinung hätte ich doch nicht sagen können. Ich wusste wohl, dass der Bauer frühmorgens gelegentlich BBC, also einen englischen Radiosender, hörte, was verboten war und das tat auch eine dieser evakuierten Frauen. Sie machte mir gegenüber eine Bemerkung, dass sie – wie man damals so sagte – „schon die Nase voll habe“.

Ich gab ihr eine ausweichende Antwort, denn ich konnte mich nicht der Gefahr aussetzen, in meiner Situation durch eine solche Bemerkung aufzufallen. So konnte die groteske Situation entstehen, dass sie, wie Frau Aschoff mir lachend erzählte, ärgerlich zu verstehen gab: „Frau Krone scheint noch nicht viel mitgemacht zu haben (sie dachte an die Bombenangriffe), die ist noch ein richtiges Naziweib!“
Das sagte eine „Arierin“ über mich, die verfolgte Jüdin!

Kein Platz in der Herberge

Ein paar Wochen vergingen ohne besondere Vorkommnisse. Ich hatte mit meinem Mann verabredet, dass ich ihn am Tag vor dem Weihnachtsfest besuchen wollte.

Dort erwartete mich eine neue Enttäuschung. Mein Mann, den ich vorerst gut aufgehoben glaubte, berichtete mir, dass er sehr schwere Tage hinter sich habe. Der Hausherr habe ihn noch keinmal aufgesucht, und die Frau sage ihm täglich, dass er nicht bleiben könne. Der Bauer könne nachts nicht schlafen, sei unruhig am Tag und könne vor lauter Angst seiner Arbeit nicht nachgehen. Sie befürchtete, wenn aus irgendeinem nichtigen Grund ein Wachtmeister auf den Hof käme, werde der Bauer die Nerven verlieren und unaufgefordert alles berichten.

Welch entsetzliche Mitteilung! Mein Mann hatte so auf das Wort dieser Menschen gebaut! Aber wer kann es ihnen verargen, dass sie ihr Wort nicht halten konnten – in einer Zeit, wo einer den anderen bespitzelte und keiner seinem Nachbarn trauen durfte.

Wir können darüber nicht richten.

Damals wussten wir nur eins: Mein Mann hatte keine Bleibe mehr, keinen Menschen, der ihm einen Winkel in seinem Haus anbieten würde! Bei einem war er entdeckt worden, der andere musste das Entdecktwerden fürchten. Was sollte werden? Sollte er aufgeben, war unser Plan zum Misslingen verurteilt? Gab es wirklich keinen Ausweg?

Bei Nacht und Nebel

Als ich ging, meinen Mann zu besuchen, hatte ich nicht an neue Sorgen gedacht. Und doch war ihm das schier Unmögliche aufgezwungen, sich aus dem Versteck heraus einen neuen Platz zu suchen, der ihm Obdach gewährte, heimlich, unerkannt, ohne sich frei bewegen zu können.

Mein Mann hatte unablässig überlegt, was ihm noch zu tun übrig blieb. Er grübelte während der Nächte, die ohne Schlaf blieben, er gedachte aller Menschen, die ihm wohlgesinnt waren. Und gewiss gab ihm Gott die Eingebung, sich auf den Weg zu machen, abends bei Nacht und Nebel, um eine neue Zufluchtstätte zu finden.

Nicht allzuweit entfernt liegt der Hof von Heinrich Silkenbömer in Nordkirchen.

Welch gewaltiger Mut und welch tiefe Gläubigkeit muss die Menschen dort beseelt haben, dass sie meinem Mann, der wie ein Aussätziger zu ihnen kam und nicht wusste, wohin er sich verkriechen konnte, sofort einzutreten baten! Er schilderte ihnen seine furchtbare Lage. Da gab es für sie nur eine Antwort: „Wir lassen dich nicht untergehen!“ Welche Tat – wer kann sie heute noch wirklich ermessen!?

Mein Mann kann nicht oft genug davon berichten, wie ihm zumute war, wie ihm ein Stein vom Herzen fiel und er wieder beginnen durfte zu hoffen.

Die näheren Einzelheiten wurden besprochen und es wurde vereinbart, dass mein Mann am Tag nach Weihnachten – wenn ich bei ihm sein würde – zu ihnen kommen solle. Ich wüsste dann auch über sein Verbleiben Bescheid.

Wir waren über das Weihnachtsfest zusammen, das für uns kein Fest war, kein Fest des Friedens. An uns fraß die Angst vor dem, was noch kommen sollte.

Würde es uns jemals wieder vergönnt sein, uns frei zu bewegen, würde wenigstens einer von uns den Krieg überleben – vielleicht unser Kind? Dass der Krieg verloren sein musste für Deutschland, erschien uns in jenen Tagen schon klar, auch denen, die uns zu retten versuchten.

So waren unsere Gedanken an diesem Weihnachtsfest 1943. Und trotzdem weckten sie neue Zuversicht in uns, neue Hoffnung trotz so vieler Schicksalsschläge.

Anni Aschoff mit 17

Zum vierten Versteck

Es war ein schöner, sternklarer Winterabend, der Schnee knirschte unter unseren Füßen, als wir uns querfeldein auf den Weg machten. Dem Bauern hatte mein Mann vorher erzählt, er ginge in eine andere Gegend. Er log, um seine Spur zu verwischen.

Wieder begann ein neuer Abschnitt. Erst zehn Monate waren vergangen, und dieses war schon die vierte Stelle, an der sich mein Mann verstecken musste.

Wie lange würde es noch dauern – wo lauerte die nächste Gefahr?

Diesmal schien das Geschick meines Mannes unter einem günstigen Stern zu stehen, er hatte ihn zu treuen Menschen geführt. Herr Silkenbömer, ein aufrechter Mann, war unerschrocken bereit, einem Menschen zu helfen, das ihm auferzwungene Schicksal zu tragen.

Behutsam wurde alles überlegt, soweit es nicht schon vorbereitet war. Mein Mann erhielt das Zimmer des Sohnes, der Soldat war. Das Zimmer konnte nur von der Küche aus betreten werden, und kein Fremder hatte dort Zutritt. Eine halbe Treppe höher befanden sich noch ein weiteres Zimmer und ein Vorratsraum. So konnte mein Mann, wenn keiner im Hause war, ein paar Schritte gehen, um nicht ganz das Laufen zu verlernen. Eine Art Verschlag schien eigens für ihn gemacht zu sein, wo er seine Notdurft verrichten konnte. Am Fenster wurde ein langer Strick befestigt, der im Falle der Gefahr heruntergelassen werden konnte. Mein Mann dachte sogar daran, einen Knoten zu machen, der sich abstreifen ließ, damit er – wenn er flüchten musste – nicht durch das Seil verraten würde.

Es hieß doch alles bis ins Kleinste gut durchdenken, damit keinerlei Verdacht aufkommen konnte. Was der Bauer und seine Frau am meisten fürchteten, war die Tatsache, dass mein Mann auch dort bleiben musste, wenn es sehr kalt wurde. Es war ein Anbau, der nach Nordosten lag, keinerlei Heizmöglichkeiten besaß und so kalt war, dass das Wasser in den Waschschüsseln auch tagsüber nicht auftaute. Wie hätte man aber heizen können, wo doch für die Nachbarn und Angestellten Rauch oder getaute Fensterscheiben schon genug Verdacht geboten hätten? Dass kein Licht gemacht wurde, war selbstverständlich.

Aber wie treu wurde mein Mann von der Bäuerin versorgt, die auch nicht eine Mahlzeit ausließ, ihm davon auf sein Zimmer zu bringen – als wenn es der eigene Sohn wäre. Und doch waren alle drei Söhne im Feld. Abends, wenn alle schliefen, konnte mein Mann hin und wieder zu den

Betreuern ins Zimmer gehen, sich aufwärmen und sich aussprechen.

Und wieviel bedeutete gerade in dieser Zeit ein gütiges Wort von wohlwollenden Menschen!

So vergingen die Monate. Geduldig sorgten Herr und Frau Silkenbömer für ihren Schützling. Auch die Söhne, die einige Male in Urlaub waren, besuchten meinen Mann in seinem Versteck und berichteten ihm über das Geschehen draußen und die Meinung der Menschen über den Krieg. Sie alle waren sehr gut zu ihm, und es war für sie eine Selbstverständlichkeit, niemandem ein Wort über den Versteckten zu verraten.

Es fällt schwer, zu verstehen, wie manchmal die Fäden des Schicksals verknüpft sind. Gerade diesen wunderbaren Menschen wurden zwei Söhne durch den Krieg genommen. Sie wissen nicht einmal, wo diese ihre Söhne verblieben sind. Warum musste es gerade sie treffen? Niemand weiß darauf eine Antwort.

Auf dem Hofe Aschoff 1943 (v.l.): Elisabeth Aschoff, Karin, Marga Spiegel, Helmut Sommer, der Sohn einer evakuierten Familie aus Dortmund

In der Nacht beim Kind

Mein Mann war über ein Jahr bei Silkenbömer, und obwohl das für alle eine Last sein musste, wurde auch ich eingeladen, mit dem Kind für einige Wochen zu kommen. Wie sehr freuten wir uns darüber, dass mein Mann unser Töchterchen einmal wiedersehen konnte! Das sind glückliche Erinnerungen aus diesen schweren Zeiten.

Mein Mann wünschte sich sehnlich, dem Kind wieder einmal nahe zu sein. Das konnte er am ehesten, wenn es schlief. Mein Gastzimmer lag nahe seiner Unterkunft. An einem Abend, als das Kind eingeschlafen war, schlich ich mich leise fort, und mein Mann legte sich an meiner Statt zu ihm. Ich war schon wieder eingeschlafen, als mein Mann mich weckte: „Geh schnell zum Kind, es ist munter und hat zu mir gesagt: „Mutti, ich kann gar nicht schlafen. Warum schnarchst du so?“.

Mein Mann war sehr glücklich, das Kind manchmal im Garten sehen und hören zu können. In dieser Zeit spielte sich eine Geschichte ab, die mich sehr wehmütig stimmte.

Das Gespenst in Schwarz

Es war ein strenger Winter 1943/44, an den noch viele mit Schrecken zurückdenken. Mein Mann hatte mehrere Paar Strümpfe übereinandergezogen, dicke Wollsachen, einen warmen Mantel und Haussschuhe an, damit er die eisige Kälte auf dem Zimmer ertragen konnte. Um sich etwas aufzuwärmen, war er leise auf und ab gegangen, auch auf das Zimmer, das Karin bewohnte. Zufällig wollte sie sich etwas zum Spielen holen. Mein Mann hatte es zu spät bemerkt und lief schnell in sein Zimmer zurück. Unser Töchterchen aber kam ganz aufgeregt zu mir, fiel mir weinend um den Hals und schluchzte immer wieder: „Ich gehe nie wieder dort hinauf, ich schlafe auch nicht mehr oben! Ich habe ein richtiges Gespenst gesehen, das hatte einen langen schwarzen Mantel an und grüne Schuhe!“ Das mit dem Mantel und den Schuhen stimmte. Über das „Gespenst“ mussten wir lächeln. Aber stimmt es nicht traurig, dass ein Kind Angst hatte vor dem eigenen Vater – und wir konnten es ihm nicht einmal sagen! Ich musste in der Folgezeit immer mit ihr zusammen zu Bett gehen.
Mit der Zeit vergaß sie ihren Schrecken.

Polizei im Haus

Unangekündigter Besuch

Ganz besonderen Mut bewies Herr Silkenbömer bei einem Zwischenfall: Mein Mann befand sich gerade im Wohnzimmer der Familie. Es klopfte an der Haustür, und herein kam der Wachtmeister. Als mein Mann hörte, wie dieser zum

726

Hausherrn sagte, er habe ihm eine sehr unangenehme Mitteilung zu machen, blieb ihm fast das Herz stehen.

Herr Silkenbömer aber zwang sich zur Ruhe und fragte, was es denn gäbe. Der diensttuende Beamte eröffnete ihm, dass er leider die Mühle schließen müsse (bis dahin durfte für den eigenen Gebrauch Getreide gemahlen werden). Herrn Silkenbömer wird sicher ein Stein vom Herzen gefallen sein. Er ließ sich auch jetzt nicht das geringste anmerken und erwiderte seelenruhig, freilich im münsterländischen Platt: „Na, wenn's weiter nichts ist!" Gottlob erwies sich diesmal die Sorge der drei Hausbewohner als unbegründet.

Durchwachte Nächte

Der Standhaftigkeit und dem immer wiederholten Zureden der Familie Silkenbömer verdankte mein Mann den Mut, der ihn nur selten während der siebenundzwanzig Monate seines Untertauchens verließ. Sie munterten ihn immer von neuem auf, dass es nicht mehr so lange dauern könne, und das gab ihm die Kraft zum Aushalten.

Aber wie viele durchwachte Nächte gab es trotzdem für ihn in dieser schweren Zeit! Wie oft gingen seine Gedanken zu mir und unserem Kind, wusste er doch auch oft nicht, ob wir noch unbehelligt waren. Und wo mochten seine Verwandten sein: Seine beiden Schwestern und sein Bruder, wo ihre Männer, Frauen, wo die Nichten und Neffen? Wo waren alle anderen Verwandten, Bekannten und Freunde, auseinandergerissen, weggeschickt mit brutaler Gewalt?

Würde es wenigstens einem von seinen Lieben gelingen, den unmenschlichen Verbrechen zum Trotz am Leben zu bleiben, von denen aus dem Osten kommende Soldaten immer neue Schrecklichkeiten berichteten?

Von welch grausamen Gedanken kann ein Mensch verfolgt werden, Tag und Nacht, wenn er immerfort allein ist und zu grübeln beginnt über das furchtbare Schicksal, das dem ganzen jüdischen Volk zugedacht war!

Aber die Zeit verrinnt.

Mein Töchterchen und ich verbrachten die Monate in unserem Stammquartier bei Familie Aschoff. Die Tage nahmen ihren gewohnten Verlauf, denn obwohl ich jedem Tag von neuem mit Sorge entgegensah, traten doch die schlimmsten Ereignisse vor den alltäglichen Mühen zurück. Immer mehr nahm ich am Geschehen des Hofes teil und fühlte mich immer mehr heimisch. Ich machte mich nützlich, so gut ich konnte, und wurde mit meinem Kind als „Evakuierte" gut gelitten.

Tochter Karin Spiegel

Karin in der Klinik

Aber das nächste unvorhergesehene Ereignis lauerte schon auf uns und die gerade aufkommende Sorglosigkeit war im Nu wieder verflogen. Karin bekam am ganzen Körper Ausschlag. Wir versuchten mit allen Mitteln, die Krankheit einzudämmen, ohne Erfolg. So sah ich mich genötigt, einen Arzt aufzusuchen.

Die Hautklinik aus Münster war damals wegen der Bombardierungen nach Ascheberg verlegt worden, und der Arzt, den ich dort konsultierte, bestand darauf, das Kind müsse unbedingt einige Zeit in der Kinderabteilung bleiben. Was nun? Es kamen Sorgen auf, die nur ein Mensch haben kann, den es auf dem Papier nicht gibt, der keinen Ausweis hat, keine Lebensberechtigung.

Sorgenvoll nahm ich das Kind erst einmal wieder mit zurück. Als sich aber der Ausschlag über den ganzen Körper ausbreitete, entschloss ich mich, Karin doch noch in die Klinik zu bringen.

Ich hatte keine andere Wahl.

Bei der Aufnahme gab ich den Namen Karin Krone an, und als die Frage nach dem Vater kam, sagte ich, er sei

Soldat. „Regiment und Feldpostnummer?“ Ich dachte, das Herz müsste mir zum Hals hinausspringen! So ruhig es eben ging, antwortete ich, dass ich die jetzige Anschrift nicht kenne, da ich lange nichts von ihm gehört hätte.

Ich weiß es nicht und habe es nie erfahren – glaubte aber, bei der älteren, vielleicht selber leidgeprüften Aufnahmeschwester einen wissenden, mitleidigen Blick zu spüren, der mir verriet, dass sie gar nicht weiter fragen wolle. Wenn dem so war, sei ihr heute noch Dank!

Mein Kind wurde gepflegt, es wurde wieder gesund und kam zum Aschoffschen Hof zurück. Wieder hatte uns Gott geholfen, eine Gefahr zu überstehen.

Nach Werne „verreist“

Wir berieten, dass es vielleicht besser sei wegen der vielen Fremden, die mich immer auf dem Hof sahen, ab und zu nach einigen Monaten zu verreisen. So würde es nicht auffallen, dass wir ohne Unterbrechung dort wären, und sicher wäre es weniger auffällig.

Es war gewiss ein guter Gedanke, den Frau Aschoff aussprach. Ich wandte mich an Familie Sickmann aus Werne, die von unserem Versteck wusste, und bei der ich meinen Mann damals getroffen hatte, als er von seiner ersten Bleibe fort musste.

Es sind gute, gläubige Menschen, und wir können ihnen ihre Hilfe nie vergelten. Ohne Zögern willigten sie ein, dass Karin und ich zu ihnen kommen könnten, wann und wie lange wir immer wollten. Wer kann ermessen, was das damals hieß! Diese Menschen begaben sich in die größte Gefahr, nicht nur für sich, sondern auch für alle ihre Familienangehörigen. Wenn auch nur irgendwo ihre Hilfe entdeckt worden wäre, alle unsere Retter hätten mit ihrem Leben dafür bezahlen müssen. Sie aber zeigten keine Furcht und verwirklichten an uns ein gläubiges Werk der Nächstenliebe.

Frau Sickmann holte sich Rat bei dem Prior des Klosters. War es nicht ihre Pflicht, armen, verfolgten Menschen Obdach zu gewähren? Sie wurde von ihm in ihrem Glauben bestärkt und bot uns ihr Haus zum Aufenthalt an. Das war deswegen besonders gefahrvoll, weil es direkt an der Hauptstraße liegt. Täglich kamen Fremde dorthin, wir waren ihren Blicken und denen der Bewohner angrenzender Häuser und der Umgebung ausgesetzt – und ich wusste nie, ob wir nicht erkannt und verraten wurden.

Pater Venantius

Karin fühlte sich unter den vielen Kindern der Familie Sickmann besonders wohl. Wie glücklich war sie doch, dass sie nichts von der furchtbaren Gefahr ahnte, in der wir alle schwebten! Sie spielte mit den anderen Kindern, war lieb und ungezogen, wie es Kinder eben sind, und war Gott sei Dank zu jung, um die Tragik unseres Schicksals erfassen zu können.

Es war uns vergönnt, einige Male vier bis sechs Wochen bei diesen liebenswerten Menschen zu verbringen, so dass wir gewiss ein halbes Jahr unseres „zweiten Lebens“ in ihrem Hause erlebten. Wir aßen und wohnten mit ihnen zusammen. Die Mutter teilte den Kindern nicht aus, ohne dass unser Kind das gleiche bekam. Es war totaler Krieg, und es gab nicht viel zum Schenken. Aber wir bekamen Weihnachten unser Scherflein ebenso wie alle anderen. Und so etwas vergisst man nie!

Bei verschiedenen Familientreffen lernte ich die ganze Familie kennen. Keinem verrieten unsere Freunde, wer wir seien. Die Eltern und Geschwister durften nichts von dem ahnen, was diese Menschen für uns taten und wen sie aufgenommen hatten – es hätte aus Unachtsamkeit einer etwas ausplaudern können, und eine Lawine wäre ins Rollen gekommen, die uns und mit uns viele Menschen ins Verderben gerissen hätte. Nicht einmal die eigenen, zum Teil erwachsenen Kinder wussten, wer diese Frau Krone in Wirklichkeit war.

Wäre beizeiten etwas geschehen!

Manchmal ging ich mit Frau Sickmann sonntags in die kleine Klosterkapelle zur Messe. Ich konnte dort auch beten, um Rettung für uns und die ganze Menschheit. Und ich weiß heute noch, mit welcher Bewegung ich zum erstenmal die alte Glocke der Klostertür läutete. Ein Pater öffnete. Es waren Stunden der Erbauung, die ich dort erleben durfte. Noch heute sind mir die Gespräche mit dem Prior im Ohr, der klug und geistvoll zu reden verstand. Er saß mir an einem langen Tisch in einem kahlen, dürftigen Raum gegenüber und sprach mir Trost zu. Das gütige Gesicht des Paters nahm einen schmerzlichen Ausdruck an, als er sagte: „Ich bin selbst der älteste Sohn von einem Bauernhof und wollte der Kirche und dem Guten dienen. Sehen Sie diesen Bart an! Er ist frühzeitig grau geworden, grau ob all der Vorwürfe, die ich mir mache. Hätten beizeiten mehr, als es geschah, führende Geistliche und hohe Persönlichkeiten ihre Stimme erhoben, hätten sie laut protestiert gegen das furchtbare Verbrechen, das an unseren jüdischen Schwestern und Brüdern verübt wurde, würde es vielleicht doch geholfen haben. Man hätte uns doch nicht alle gleich an die Wand gestellt! Und deshalb sind meine Haare grau und meine Seele betrübt."

Nach diesen Worten wusste ich, dass es auch unter den Deutschen noch Menschen gab, die sich Vorwürfe machten und nicht gleichgültig dem Morden zusahen.

Zu größtem Dank sind wir einer anderen liebenswerten münsterländer Bauernfamilie verpflichtet. Bei einem Aufenthalt in Nordkirchen lernte ich Maria Südfeld kennen und schätzen – jenes Mädchen, das die kranke Hausfrau auf dem Pentropschen Hof vertrat, als mein Mann dort Unterschlupf gefunden hatte. Sie hatte damals gemeint, es spuke nachts, und Herr Pentrop hatte sie in das Geheimnis einweihen müssen. Bald konnte ich mich selber überzeugen, dass sie, so jung sie war, Verständnis für unsere außerordentlich bedrängte Lage hatte.

Ich wandte mich schließlich auch an sie mit einem Anliegen: Es hatte sich gezeigt, dass es vorteilhaft für alle Beteiligten war, wenn wir nicht am gleichen Ort – nämlich bei Familie Aschoff – verweilten, sondern hin und wieder für einige Wochen uns anderswo aufhielten. Wir waren dann nicht so verdächtig, konnte man sich doch dort Gedanken machen, wieso wir eigentlich als Evakuierte immerfort dort wären.

Maria ging sofort auf mein Anliegen ein. Sie schlug mir vor, sie wolle zu Hause fragen, ob eine Freundin mit ihrem Kind sie für einige Zeit besuchen dürfe. Sie hielt es in Anbetracht der vielen Geschwister für besser, wenn niemand Bescheid wusste und wir einfachhin nur als ihre Bekannten angesehen würden. So waren sich zwar die Familienmitglieder nicht der Gefahr bewusst, der sie dennoch ausgesetzt waren – aber es war weit gefahrvoller für uns; denn wäre ein Verdacht aufgekommen oder ein unvorhergesehenes Geschehnis, wir hätten niemand gehabt, dem wir uns anvertrauen konnten. Wir mussten also doppelt auf der Hut sein.

Bauer Sickmann

Unvergesslich bleiben mir die Tage und Wochen, die wir auf dem idyllisch gelegenen Bauernhof in Südkirchen verbringen durften. Ich fühle noch heute die Wärme und Geborgenheit, die zumal von der Mutter ausstrahlte und an der die ganze Familie teilhatte: Eine Atmosphäre, in der auch wir uns wohlfühlen mussten. Ganz besonders zu würdigen ist die taktvolle Art, mit der mein Kind und ich behandelt wurden, wenn man bedenkt, dass niemand im Hause nach unserer Herkunft forschte. Sie alle waren prächtige Menschen, besonders natürlich die Eltern – sie leben heute nicht mehr unter uns. Auch die Söhne und Töchter, die zu Hause waren und die ich im Urlaub als Soldaten kennenlernte, verhielten sich vorbildlich uns gegenüber.

Wir kamen damals in recht eigenartige Situationen. Häufig machte ich die Bekanntschaft von Landwirten aus dem Ort, deren Namen mir durch geschäftliche Verbindungen meines Mannes von früher her geläufig waren. Maria stellte mich ihnen als Frau Krone vor, und wir unterhielten uns über alles mögliche. Wenn wir dann allein waren, tuschelte sie mir zu: „Egentlik moss se wieten, met wem se kürt hätt!" (Eigentlich müssten sie wissen, mit wem sie gesprochen haben.)

Unbeschwerte Tage

Der älteste Sohn hatte es unserem Töchterchen besonders angetan. Er betreute die Tiere auf dem Hof und nahm Karin zum Füttern mit. Stundenlang ging sie mit ihm über die Felder, durfte auf einem Pferd reiten und unternahm häufig mit Onkel Bernhard abendliche Spaziergänge zu Familien in der Nachbarschaft. Wenn sie dann auch noch den Töchtern beim Melken helfen oder die Kälbchen tränken durfte, dann war sie in ihrem Element. Es war ein unbeschwertes Bild, sie mit dem Milcheimer zwischen den Kälbern zu sehen, in einer Hand einen Stock, damit ihr die nach Milch drängenden Tiere nicht den Eimer umwarfen. Vor lauter Freude vergaß sie dann alles – auch, dass sie sich nicht schmutzig machen sollte!

Frau Südfeld war immer so gütig zu uns, dass ich ihre Tochter im stillen in Verdacht hatte, sie habe ihre Mutter in unser Geheimnis eingeweiht. Wie dem auch war: Gewiss würde sie auch in diesem Fall die Einwilligung zu unserem Aufenthalt gegeben haben. Ich bekam eine große Hochachtung vor der stets gleichbleibenden Güte der Frau des Hau-

Karin spielt mit den Kindern der Familie Südfeld

ses, wie ich sie nur ganz selten einem Menschen gegenüber empfunden habe.

Ein mehrwöchiger Aufenthalt im Mai 1944 ist mir besonders in Erinnerung. Wie erbaulich waren selbst für mich, eine Jüdin, die allabendlichen Maiandachten am schön geschmückten Marienaltar! Die einfache Gläubigkeit dieser so vorbildlich zueinander stehenden Familie ließ mich erkennen, welch ungeheure Kraft Glauben in sich birgt. Ja, diese Kraft ging sogar auf mich über, da sie mir half, meinen Glauben neu zu festigen und die häufig auftretenden Zweifel zu bekämpfen. Es musste uns gelingen durchzukommen.

Der alte Bekannte

Herr Südfeld, immer freundlich und vergnügt, bat sich aus: „Frau Krone, Se muet me öwer verspriäken, mi mol Inken Mann vortestellen, wenn de Krieg vörbie is!“ (Frau Krone, Sie müssen mir versprechen, mir mal Ihren Mann vorzustellen, wenn der Krieg vorbei ist.)

Dieses Versprechen habe ich gehalten: Kurz nach dem Krieg kam ich mit ihm auf den Hof. Freudestrahlend begrüßte Vater Hermann meinen Mann. Er klopfte ihm vor Freude, dass er noch lebte, auf die Schulter; dann sagte er zu mir: „Dat is en ollen, gueten Bekannten van us. Den häffk all längs kannt, bevör Se bi us wören.“ (Das ist ein alter Bekannter von uns. Den habe ich lange gekannt, bevor Sie bei uns waren.)

Und ohne zu ahnen, dass er ihn vor sich sah, forderte er mich auf: „Nu halt Se doch Ehren Mann!“ (Nun holen Sie doch schon Ihren Mann.) Als Herr Südfeld dann den wahren Zusammenhang erfuhr, wollte das Staunen und Lachen gar kein Ende nehmen.

Damals aber, im Krieg, als er diese Zusammenhänge noch nicht kannte, war es eine große Erleichterung für uns, dass wir viele Wochen bei diesen prächtigen Menschen ver-

Marga und Karin Spiegel bei einer Maiandacht

bringen durften. Sie haben einen sehr großen Anteil an unserer Rettung.

Ein Skat mit Polizisten

Nach solchen Wochen kehrten wir immer wieder zu unserem Stammquartier nach Herbern zurück. Wir waren inzwischen schon recht gut in unserer „zweiten Heimat" bekannt. Selbst von einigen Polizisten, die gelegentlich auf den Hof kamen, wurden wir nicht anders als Frau und Kind Krone angesprochen. Einmal kam es vor, dass ich vom Hausherrn in das „Störvken" gerufen wurde, wo er gerade mit zwei Polizisten Skat drosch. Er bat mich, für ein paar Minuten seine Karten zu nehmen und weiterzuspielen, weil er raus müsse. Konnte ich denn ahnen, dass sich der Bauer, müde wie er war, heimlich zu Bett begab und mich seelenruhig mit den beiden weiterspielen ließ?

Der Judenstern im Handschuh

In dieser Zeit traf man die Vorbereitungen zu einem Fest, um den fünfzigsten Geburtstag des Hausherrn zu begehen. Es war eine große Feier, und ungezählte Bekannte und Freunde gingen während des Tages aus und ein. Dann kam der Abend, der die ganze Familie, die Geschwister von Herrn und Frau Aschoff und viele Verwandte zusammen sah. Die älteste Tochter wollte etwas vortragen und suchte sich eine Kostümierung zusammen. Sie hatte bereits einen Zylinder und entsann sich plötzlich eines Paars langer, schwarzer Handschuhe, das sie einmal in meinem Koffer gesehen hatte. Selbstverständlich lieh ich sie ihr. Temperamentvoll stieg sie auf einen Tisch und begann ausgelassen zu singen und zu steppen. Ich selber half beim Bedienen der Gäste und widmete diesen mehr Aufmerksamkeit als dem Vortrag der „Artistin".

Annis Tanz mit Frau Krones Handschuh

Das war gewiss eine Fügung, denn so entging es mir, dass Anni während ihres Vortrages einen Handschuh auszog – und zum großen Entsetzen mancher Anwesenden fiel ein Judenstern heraus! Ich hatte ihn damals in einem Finger dieser Handschuhe versteckt, in der Meinung, er sei dort unauffindbar, und diese Tatsache völlig vergessen.

Frau Aschoff schilderte mir spät in der Nacht das Vorgefallene. Sie hatte beobachtet, wie mancher seinen Nachbarn angesehen habe. Ja, sie meinte, danach wäre manch wissender Blick zu mir herübergewandert.

Hätte ich selbst beobachtet, wie Anni den Stern fallen ließ und blitzschnell wieder aufhob, ich würde sicherlich laut aufgeschrien haben. Geistesgegenwärtig sang und tanzte sie weiter, überspielte den gefährlichen Vorfall, als ob nichts geschehen sei. Da ich aber diese durch mich verursachte Panne nicht bemerkt hatte, ging ich ganz unbefangen zwischen den Gästen hin und her und sprach mit ihnen. Diese Unbefangenheit war sicherlich mein bester Schutz.

Nach dem Weggehen der Gäste aber überfiel mich ein tödlicher Schrecken, als Frau Aschoff mich fragte: „Was soll nun geschehen – wohin wollen Sie mit Karin gehen?" Sie bemerkte an meinem Erstaunen, dass meine Unbefangenheit echt war, und schilderte mir den ganzen unseligen Vorfall. Wir berieten noch stundenlang, was nun das Beste sei. Frau Aschoff wollte uns nicht auf die Straße setzen. Wenn die Wahrheit an den Tag käme, würde für uns auch anderswo keine Bleibe sein.

Trotz dieser stundenlangen Beratungen kamen wir zu keinem Resultat und es wurde vorgeschlagen, erst einmal „darüber zu schlafen", wie es der Volksmund sagt. In dieser Nacht aber habe ich kein Auge zugetan und fand keine Ruhe neben meinem Kind. War ich nicht ein gehetztes Wild?

Immer wieder kreisten meine Gedanken um den einen

Punkt: Wie kann ich wenigstens das Kind retten! Und doch war nirgends ein Ausweg, eine Rettung zu sehen!

Die Frauen haben geschwiegen

Als endlich der Morgen aufdämmerte, besprachen wir noch einmal alle erdenklichen Gesichtspunkte. Es blieb keine andere Wahl, als einer Schwester und Schwägerin, die den Vorfall bestimmt gesehen und den Aufruf getan hatten: „Wat is dat dann???" – die Wahrheit über uns zu sagen. Wir konnten nur hoffen, dass sie Verständnis für unsere schwere Lage hatten und ihr Geheimnis für sich behielten.

Und wahrlich, unser Vertrauen wurde nicht enttäuscht! Nicht einmal ihre Männer haben diese Frauen zu Mitwissern gemacht. Sie wollten diese nicht belasten, wussten sie doch nicht, ob ihre Nerven stark genug waren zu schweigen – zu schweigen in jeder Situation, in die sie kommen mochten.

Ja, sie haben geschwiegen, diese Frauen. Gott möge es ihnen danken!

Welch bittere Vorwürfe ich mir aber selber machte und auch von meinem Mann zu hören bekam, als ich ihn einige Wochen später wiedersah! Was hatte mich nur veranlasst, diesen unglückseligen Judenstern aufzubewahren, als ich mein Leben als Frau Krone begann? Hätte ich nicht froh sein müssen, mich dieses Zeichens endlich entledigen zu können, das alle seine Träger zu Freiwild stempelte?

Heute glaube ich zu wissen, warum ich mich damals nicht davon trennen wollte: Mussten wir nicht ein Leben führen, das gar nicht uns entsprach, mussten wir nicht Namen tragen, die nicht unsere Namen waren? Wir erzählten Lügen, erfanden Menschen und Dinge um uns, die es nicht gab. Die einzige Wahrheit aber war dieser Stern! Er kennzeichnete uns – wenn auch auf grausame Art – als Juden. Vielleicht waren es gerade Verachtung und Demütigung, die

Anni Aschoff

mir den Mut zu einem stolzen „Dennoch“ gaben: Ich war wie meine Ahnen und Urahnen Jude. Und es ist und bleibt das Recht jedes Menschen [zu entscheiden], welcher Religion er auch angehört, darauf stolz zu sein und für sie zu leben und zu sterben.

Gewiss war es uns bestimmt zu überleben. Ich bin der Überzeugung, dass auch unser Bekenntnis zum Judentum, für das die Aufbewahrung des Sterns ein Zeichen war, zu unserer Rettung beigetragen hat.

Wieder bei den Pentrops

Mein Töchterchen und ich waren wieder eine längere Zeitspanne auf dem Aschoffschen Gut gewesen, als wir übereinkamen – einmal um kein Gerede aufkommen zu lassen, anderseits aber auch, damit über den unglückseligen Vorfall mit dem Judenstern Gras wachsen konnte – den Standort für eine Weile zu wechseln.

Die Frage „Wohin?“, war schon weit schwieriger zu beantworten. Es scheint mir besonders rühmenswert, dass sich Familie Pentrop in Nordkirchen bereit erklärte, uns für einige Wochen aufzunehmen, war doch damals der Aufenthalt meines Mannes dort entdeckt worden. Niemand konnte wissen, ob nicht auch diesmal neue Schwierigkeiten heraufkamen. Herr Pentrop aber meinte ruhig: „Frau Krone kann doch mit ihrem Kind kommen – das hat mit dem anderen nichts zu tun!“
Sollte er recht behalten?

Die ersten Tage unserers Aufenthaltes in Nordkirchen verliefen ohne besondere Vorfälle. Ich machte mich nützlich, so gut es ging, beschäftigte mich mit den Kindern, besserte Wäsche aus. Unauslöschlich aber bleibt uns der dritte Abend auf dem Hof in Erinnerung: Es war der Vorabend des schwersten Tages in meinem Leben überhaupt.

Der Alltag auf dem Hof geht weiter: Frau Krone macht sich auf dem Hof nützlich

Obwohl es verboten war, unterhielt ich mich nach Feierabend – sehr heimlich zwar – mit zwei französischen Fremdarbeitern in ihrer Muttersprache. Wir empfanden eine gewisse heimliche Freude dabei. Die Männer waren glücklich, mit jemandem in ihrer Heimatsprache sprechen zu können, und mir war es eine kleine Genugtuung, kam ich mir doch als ihre heimliche „Verbündete“ vor: Diese Männer waren gegen ihren Willen nach Deutschland verschleppt worden, und ich selber konnte als Deutsche nur heimlich und getarnt unter Deutschen leben. Selbstredend erwähnten wir mit keinem Wort unseren gemeinsamen Hass gegen Hitler und seine Anhänger, da wir uns durch eine Auflehnung nur in größere Gefahr begeben hätten. Und doch glühte ein gemeinsamer Funke in unseren Herzen, neben dem des Hasses vielleicht der stärkere, unsere Hoffnung, dass unser Leid und das der ganzen Menschheit bald vorübergehen möge. Einer der beiden Franzosen, der mir auch seine Heimatadresse in Biarritz gab – wenn der Krieg einmal vorbei wäre... – schrieb mir auf meinen Wunsch den französischen Text eines damals viel gesungenen Liedes „Komm zurück“ auf. „J'attendraie... “ Ich erwarte dich... Wir summten es leise vor uns hin, und jeder dachte dabei an das, was er sehnsüchtig erwartete.

Nächtliche Hausdurchsuchung

Ich begab mich an diesem Abend wie an jedem anderen zu Bett. Mein Mädel schlief schon.

Als ich durch heftiges Klopfen an der Tür aus tiefem Schlaf gerissen wurde, brachte ich es vor Erregung kaum fertig, die Tür zu öffnen. Blass vor Aufregung stand Frau Pentrop vor mir. Sie konnte nicht fassen, dass ich fest geschlafen hatte. Nichts hatte ich von allem Lärm, den fremden Stimmen und dem Bellen der Hunde gehört.
Uns was sollte ich zu hören bekommen!

Bauer Pentrup
(Nachkriegsaufnahme)

Vor gut einer Stunde waren zwei Gendarmen aus Nordkirchen gekommen mit dem Auftrag, unverzüglich eine Hausdurchsuchung durchzuführen. Was das bedeutete, wenn es mitten in der Nacht geschieht, wusste man damals allzugut. Zudem liegt der Hof einige Kilometer vom Dorf entfernt, und außerdem musste bei einer so angesehenen, streng gläubigen Familie ein ganz besonders schwerwiegender Verdacht vorliegen.

Auf Herrn Pentrops entsetzte Fragen, was denn der Grund dafür sei, erhielt er die Antwort, man habe Gewissheit, dass sich eine unangemeldete Person im Haus aufhalte. Schwer zu begreifen, wie dem Hausherrn bei dieser Eröffnung nicht die Knie schlotterten! Aber er behielt in dieser lebensgefährlichen Situation die Nerven. Es kann nur eine höhere Macht ihm die Kraft dazu gegeben haben, sich so in der Gewalt zu behalten und sich durch kein Wimpernzucken zu verraten! Kaltblütig entgegnete er: „Das muss aber ein Irrtum oder eine falsche Anschuldigung gegen mich sein. In meinem Haus ist keine Person versteckt. Wenn Ihr mir aber nicht glaubt, könnt Ihr ja selbst nachsehen."

War es der Gelassenheit des Bauern, mit der er diese Worte vortrug, oder war es der bekannten Aufrichtigkeit und Frömmigkeit der Familie zuzuschreiben, dass die Beamten nicht wagten, ihm eine Lüge zu unterstellen? Sie erwiderten jedenfalls, sie wollten ihm glauben und angeben, dass die Haussuchung stattgefunden habe. Herr Pentrop müsse aber ausdrücklich unterschreiben, dass er keine unangemeldete Person verberge. Auch dies tat Herr Pentrop ohne Zögern – und gewiss in dem festen Bewusstsein, dass das, was er zu tun gezwungen war, keine Sünde sein konnte. Wenn man Gott eine Seele, einen Menschen erhalten konnte, der von ihm gewollt war, würde es ihm gewiss nicht als Sünde angerechnet werden, dass er ihn vor bestialischen Menschen zu retten suchte. Und er unterschrieb.

Und noch oft wurde uns später erzählt, wie die Gendarmen doch nicht ganz sicher waren, wie sie sich misstrauisch ansahen und einer zum anderen sagte: „Der unterschreibt mit zitternder Hand!“ Nach Herrn Pentrops beruhigenden Worten, dass er nicht zu zittern brauche, da er nichts verberge, entfernten sich schließlich die beiden unerwünschten Besucher.

Die Faust im Nacken

Nach dieser entsetzlichen Nervenprobe muss wohl Herrn Pentrop seine Kraft verlassen haben. Kein Wunder, dass er unfähig war, mir selber von dem von mir – vielleicht zum Glück! – unbemerkten Geschehen zu berichten! Seine Frau hieß mich, ganz leise zu sein, da wir befürchten mussten, die Beamten könnten sich noch draußen befinden und horchen oder noch einmal wiederkommen. Sie und ihr Mann hielten es für das beste, wenn ich mein noch immer schlafendes Kind zu den ihren legte und selbst in das Elternschlafzimmer käme. Der plötzliche Schreck hatte nun auch mich vollkommen verwirrt. Mein Herz krampfte sich vor Angst zusammen, dann wieder schien es zu zerspringen. Es ist mehr als eine Erinnerung, es ist ein zweites schreckliches Erleben, wenn noch jetzt, nach so vielen Jahren, meine Stirn schweißbedeckt ist, meine Hände eiskalt und nass, und wenn ich nicht weiter schreiben kann …

Fast mechanisch nahm ich nun mein Kind auf den Arm und trug es zu den Kindern der Familie Pentrop. Noch immer sehe ich das Bild vor mir, wie ich sie in ihren Betten liegen sah, noch fühle ich die Traurigkeit, mit der ich mein einziges Kleinod zu den anderen Kindern legte! Vielleicht war es das letztemal, dass ich es in den Armen hielt. Gleichzeitig aber bot die unwahrscheinliche Großmut unserer Retter meinem Schmerz Einhalt: Ihre Entscheidung ließ erkennen, dass sie unser Kind, komme was wolle, als das ihre betrachten würden.

Sie litten freiwillig für uns

Ohne fühlen und denken zu können, begab ich mich dann in das Zimmer der Eheleute. Es war etwa 4 Uhr in der Nacht. Kreidebleich war Herr Pentrop nach dieser Aufregung fast unfähig zu sprechen. In diesem Augenblick kam mir wie ein Blitz die Erkenntnis, dass die Größe meines Leids, die mir aus der Absicht erwuchs, mich und mein Kind zu retten, gering war gegenüber dem freiwillig übernommenen Leid all derer, die versuchten, uns zu helfen. Ich kam mir sehr klein und schäbig vor, und ich fühlte mich schuldig und hilflos gegenüber den vor Schreck geweiteten Augen, die mich ansahen.

Und doch konnte ich nichts tun, nicht helfen, ihnen nicht und noch weniger mir selbst.

Hof Pentrup

„Ich kann nicht mehr"

Es waren nur wenige Worte, die Herr Pentrop hervorbrachte: „Erst die Entdeckung ihres Mannes hier, und jetzt das. Das geht über meine Kräfte. Ich kann einfach nicht mehr." Und er bat mich um den einen einzigen Gefallen, bei Tagesanbruch das Haus zu verlassen. So schwer es für mich war, ich konnte ihn nur zu gut verstehen.

Noch eine Stunde etwa lag ich hellwach in Frau Pentrops Bett, horchte schreckhaft auf jeden Laut, und ein Gedanke jagte den anderen: Wie war es nur möglich, dass nach so wenigen Tagen jemand etwas von meiner Anwesenheit bemerkt haben konnte? War ich selber schuld, weil ich mit den Fremdarbeitern geredet hatte, obwohl es verboten war? Hatte ich uns nun alle damit in diese Gefahr gebracht? – Wusste aber jemand, dass ich nicht Frau Krone war, musste er auch wissen, wo wir sonst unter falschem Namen lebten.

Ich durfte auf keinen Fall zu Aschoffs zurück, von denen wir gerade erst gekommen waren, damit nicht noch mehr Menschen in Gefahr kamen.
Wohin aber sollte ich mich wenden?

Wenn jemandem bekannt war, dass es Mitwisser gab, dass man uns suchte, würde er uns dann noch aufnehmen? Und verschweigen durfte ich es auf gar keinen Fall, da sich dann niemand der Gefahr bewusst wäre, würde unsere Spur weiter verfolgt.

Ich war wie ein gehetztes Tier im Wald, das in seiner Not nicht weiß, wohin es vor den es bedrängenden Menschen fliehen soll.

Auf ins Ungewisse

Allmählich begann mein Verstand wieder zu arbeiten. Noch einmal überdachte ich alles, die Zeit, die ich früher schon in diesem Haus zugebracht hatte, damals, als mein Mann in dem gleichen Zimmer versteckt war, in dem ich noch vor kurzem gelegen hatte. Ich wurde aus meinen Gedanken aufgestört, als Herr Pentrop sagte: „Ich halte es nicht mehr aus im Haus. Ich geh' etwas durch die Felder!"

Er durfte uns nicht mehr im Haus antreffen. So stand ich auf, zog mich an, nahm leise das Kind auf, um die anderen nicht zu wecken. Mein Hab und Gut hatte in einem kleinen Koffer Platz. Dem Kind erzählte ich, wir führen irgendwohin, da man hier Besuch erwarte.

So nahm ich mein ahnungsloses Engelchen zu mir aufs Fahrrad, und ich nahm meine ganze Kraft für die nächste, ungewisse Etappe ... irgendwo.

Nervenprobe

Aber wohin?
Der schmale Weg führt vom Pentropschen Hof schon

nach einigen hundert Metern zur Hauptstraße Nordkirchen-Capelle. Es war früher Morgen.

Familie Pentrup

Noch ganz in Gedanken an das Erlebte, fuhr ich mit meinem Kind der Kreuzung zu. Ich konnte nicht heftiger aus meinem Traumzustand gerissen werden, als durch den Anblick eines uniformierten Wachtmeisters, der im gleichen Moment in Richtung Nordkirchen die Straße entlangfuhr. Ich bin sicher, dass es nur eines Wortes, einer vielleicht ganz harmlosen Anrede des Uniformierten bedurft hätte, und ich würde alles gestanden und verraten haben. Ich befand mich in einem derart aufgewühlten Zustand der Verzweiflung, dass ich es mir auch jetzt noch nicht – bei klarer Überlegung – erklären kann, wie ich die Fahrt fortsetzen konnte, ohne mir die geringste Blöße zu geben.

Da der Wachtmeister nach rechts fuhr, bog ich ganz mechanisch nach links ein, um aus seinem Bereich zu gelangen.

Im Unterbewusstsein war mir auch ein Ausweg erschienen und ich wusste, dass ich dieses Mal nur den Weg zu Familie Sickmann nehmen konnte. Wie ein Hoffnungsstrahl klangen mir ihre Abschiedsworte im Ohr, einfach und klar, wie gerade, gläubige Menschen sie zu finden vermögen: „Wenn Sie einmal wieder mit Karin kommen wollen oder müssen, kommen Sie! Sie wissen ja, wo wir wohnen.“

Es muss wieder und wieder gesagt werden: Ich glaube nicht, dass ein Mensch heute – auch wenn er guten Willens ist – ermessen kann, was das damals bedeutete, für uns, die Gehetzten, welch unerschütterlich starker Glaube an das Gute aber erst in ihnen wohnen musste, unseren Rettern! Woher nahmen sie nur diese fast überirdische Kraft? Weiß ich doch selbst nicht, ob ich im umgekehrten Fall die Nerven zu einer solchen unmenschlichen Kraftprobe gehabt hätte, in einer Zeit unmenschlichen Terrors, wo jeder von jedem bespitzelt wurde und schon ein Hauch Verrat bedeuten konnte!

Einem Apparat gleich – ohne denken und fühlen zu können – muss ich meine Fahrt fortgesetzt haben. Ganz mechanisch antwortete ich meinem Kind auf seine Fragen nach dem Wohin und Warum. Dabei ist es mir sogar entgangen, dass ich den recht steilen Berg vor dem Städtchen Werne hinauffuhr, ohne vom Fahrrad zu steigen. Die seelische Belastung wog wohl schwerer als die von Kind und Gepäck. Mein Trancezustand verflog erst, als mir beim Bergabfahren das Stadtschild anzeigte, dass wir an unserem neuerlichen Zufluchtsort angekommen waren.

In Sicherheit

Wie könnte dieser Tag jemals vergessen werden!
Welche Sorgen hatte ich mir gemacht, ob und wie wir wohl aufgenommen würden! Damit aber, dass man uns wohlwollend begrüßte, sich sogar zu freuen schien, hatte ich niemals gerechnet! Es war ein ganz besonderer Tag, der 24. Mai, Namenstag der Johanna. Man traf gerade Vorbereitungen für eine kleine Familienfeier. Mit der größten Selbstverständlichkeit wurden wir am Nachmittag den Familienangehörigen, die uns noch nicht kannten, als Frau und Kind Krone, als Evakuierte und Bekannte, vorgestellt. Gemeinsam saßen wir beim Namenstagskaffee, der Kuchen sah verlockend aus, ein damals schon sehr seltener Genuss.

Trotzdem war ich unfähig, auch nur ein Stückchen davon zu verzehren. Mir schien, jeder Bissen bleibe mir im Halse stecken. Hier kam mir ja erneut die Gefahr zu Bewusstsein, in der wir und unsere Helfer uns befanden. Und in besonders starkem Maß ließ mich das Wohlwollen der Gastgeber meiner Verwandten gedenken: Würden sie auch nur einen Menschen finden, der ihnen ein Stück trockenen Brotes reichte? Menschen – waren es überhaupt Menschen,

Erneut müssen die Spiegels ihr Quartier wechseln

die unbescholtene Frauen, Männer und Kinder zu Tode folterten?

Die Fröhlichkeit der Feiernden vermochte nicht die Wogen der Verzweiflung und Verbitterung in meinem Inneren zu glätten. Mit schmerzhafter Deutlichkeit kamen mir nur immer die Worte Goethes, in der Schulzeit gelernt, in den Sinn:

Wer nie sein Brot mit Tränen aß,
wer nie die kummervollen Nächte
auf seinem Bette weinend saß,
der kennt euch nicht,
ihr himmlischen Mächte.

Sie behielten klaren Kopf

Man zeigte sich so feinfühlend, nicht einmal danach zu fragen, wieso wir jetzt schon – ganz gegen die Verabredung – wiedergekommen waren. Nach der Nacht aber, die mir nur wenig Schlaf brachte, hielt ich es für unumgänglich, die Wahrheit über unser plötzliches Auftauchen und über das nächtliche Geschehen bei Pentrops zu berichten. Wie hätten wir uns auch gegenseitig verständigen und helfen können, wenn den Eingeweihten der Sachverhalt verborgen blieb! Die sechs Kinder kannten ohnehin nicht die Wahrheit über uns, sie glaubten unbefangen das Märchen von Familie Krone. Natürlich bestand die Gefahr, dass Herr und Frau Sickmann nun ängstlich würden und nicht vermochten, uns länger zu beherbergen. Sie mussten ja befürchten, dass unsere Illegalität, unser unerlaubter Aufenthalt an den verschiedenen Orten entdeckt sei. Sie behielten einen klaren Kopf und beschlossen, auch weiterhin nicht den Versuch aufzugeben, uns zu retten, vielmehr unbeirrt mit uns den schweren Weg zu Ende zu gehen.

Was war zu tun?
Zuerst hieß es, meinen Mann und die Familie Silkenbömer, bei der er sich aufhielt, zu warnen. Wenn unsere Illegalität entdeckt war, konnte auch nach ihm gesucht werden! Falls allerdings das Versteck meines Mannes nicht entdeckt war, konnte unsere Mitteilung wiederum Unheil anrichten, wenn Silkenbömers etwa aus Angst meinen Mann nun nicht mehr bei sich dulden würden ...

Es war die große Not und Ratlosigkeit, die mich erneut an der Klosterpforte läuten ließ. Mit Würde und Geduld, wie sie nur großen Persönlichkeiten eigen ist, hörte sich der Priester meine Bedrängnisse an. Wie wohl taten mir seine tröstenden Worte! Er bat mich, nicht zu verzweifeln und weiter auf Gott und den uns vorgezeichneten Weg zu bauen. Der Pater bot mir an, am nächsten Tag mit Familie Sickmann zu Silkenbömer zu fahren, um alles mit ihnen zu besprechen und auch meinem Mann zu raten. Was ich aber bis an mein Lebensende nicht vergesse, das ist der beinahe überirdische Ausdruck, mit dem der Priester beim Verlassen des Klosters die Tür einer kargen Zelle öffnete und sagte: „Wenn alles schiefgeht und Sie nicht mehr ein noch aus wissen, verbergen wir Sie hier bei uns!“ Ich bin unfähig, auch nur annähernd zu schildern, was das für mich bedeutete: Wusste ich doch, die Klosterpforte schloss sich jetzt hinter mir, aber sie würde sich jederzeit öffnen, wenn ich glaubte, am Ende zu sein.

Karin Spiegel mit Theo Aschoff 1943

„Frau und Kind geschnappt!“

Welcher Schrecken es unter den damaligen Umständen für Familie Silkenbömer bedeuten musste, als sie am nächsten Tag einen Kutschwagen mit Herrn und Frau Sickmann und dem Pater in ihrer Mitte auf den Hof kommen sahen, ist leicht zu ermessen. Mit scheinbarer Gelassenheit trugen die Besucher vor, was neuerlich geschehen sei, und die Worte des Geistlichen strömten Ruhe aus, damit keine Panikstimmung entstehen konnte.

Man beriet über alle eventuellen Vorsichtsmaßregeln, wenn eine Weiterverfolgung durch die Polizei entstehen sollte.

Trotz aller äußeren Gelassenheit muss dies alles Herrn Silkenbömer viel stärker beeindruckt haben, als er sich anmerken ließ. Wie anders wäre sonst sein Verhalten zu erklären, dass er sich direkt zu meinem Mann in das Versteck begab und ihm – wie er nachher immer wieder erklärte – die schlimmsten Minuten dieser schweren Zeit überhaupt bereitete? Gewiss bedachte er überhaupt nicht die Auswirkung seiner Worte, als er meinem Mann, ohne jede weitere Erläuterung sagte: „Du, weißt all, dine Frau un Kind häff se schnappt? (Du, weißt du schon, deine Frau und Kind hat man geschnappt!)

Zwanzig Jahre sind seither vergangen – aber schon die Erinnerung an jene furchtbaren Minuten bewirken, dass mein Mann leichenblass wird, unfähig, die Vorgänge von damals zu schildern. Die Mitteilung hatte ihn derart niedergeschlagen, dass er vermeinte, der Erdboden würde sich unter ihm auftun, sein Herz höre auf zu schlagen. Es war ja für ihn viel ärger, seine Liebsten verraten und verloren zu wissen, als wenn ihm selbst ein Unglück widerfahren wäre. Er hat immer geglaubt, sich selbst auch im Fall einer akuten Gefahr helfen und durch eine erneute Flucht sich der Festnahme entziehen zu können. In unser Schicksal aber konnte er nicht eingreifen und nur hilflos zusehen!

Die Auswirkung seiner Worte bemerkend und sie wohl bereuend, hat dann Herr Silkenbömer schnell hinzugefügt: „Ja, krieggen häw se se nich, se sin nu bi Sickmanns!“ (Gekriegt hat man sie nicht, sie sind jetzt bei Sickmanns.)

Welch eine Erlösung bedeuteten diese wenigen Worte. Blitzschnell überlegte mein Mann: Wenn sie nicht verhaftet wurden, gab es vielleicht noch einen Ausweg. Er beriet dann mit dem Pater und Familie Sickmann. Dann schieden sie voneinander, und jeder betete für sich, dass die Ungewissheit bald vorbeigehen und alles zu einem guten Ende kommen möge.

Keine weiteren Nachfragen

Die nächsten Wochen bei Sickmann verliefen wider Erwarten ohne besondere Zwischenfälle. Herr und Frau Sickmann hatten sich noch der Mühe unterzogen, zu den Höfen von Aschoff und Pentrop zu fahren, um hier glücklicherweise zu erfahren, dass weder da noch dort weitere Anfragen nach einer „unangemeldeten Person“ erfolgten.

Wieder verstrichen die Wochen nach diesem bösen Zwischenfall. Die Zeit heilt zwar nicht, wie viele sagen, sie hilft nur, Schweres von uns abzurücken und in den Hintergrund treten zu lassen. Vergessen konnten wir nicht, und unsere Gedanken waren auf jedes ungewisse Morgen gerichtet. Die Zeit unseres Untertauchens betrug nun schon fast 18 Monate – wie lange würde dieser schrecklichste aller Kriege noch dauern und wie würde er enden?

Attentat auf Hitler

Vor der vollständigen Vernichtung?

Das Attentat auf Hitler am 20. Juli ließ mich erkennen, dass es noch Menschen unter den Deutschen gab, die – wenn auch meiner Ansicht nach sehr spät – dem wahnsinnigen Morden ein Ende bereiten wollten. Gleichzeitig gab er mir die Bestätigung dafür, dass es ohne die Beseitigung dieses brutalen Gewaltregimes zu keinem Ende des Krieges kommen könnte, es sei denn, dass die Mutmaßungen und Gerüchte stimmten, wonach erst die Armee, dann die Zivilbevölkerung mit ihren Städten und Dörfern der vollkommenen Vernichtung preisgegeben würden.

War denn eine solche Wahnsinnstat wirklich auszudenken? Vor mir türmten sich die Fragen auf: Wie würden wohl die Männer des 20. Juli von der Nachwelt verstanden? Gewiss würde man sie nach einem für Hitler siegreichen Ende als Verräter brandmarken. Nach einem verlorenen Krieg aber würde man sie zu Helden erheben. Aber waren sie das wirklich? Was schien sie mehr zu ihrer Tat veranlasst zu haben: das Wissen um ihre eigene Verlorenheit bei einem besiegten „Dritten Reich", zu dessen Existenz sie beigetragen hatten, oder stand doch für sie eine fast zu späte Erkenntnis im Vordergrund, erwachte in ihnen das Wissen um die Ungerechtigkeit der bislang verfochtenen Sache?

Was half mir alles Grübeln? Es gab keine Antwort darauf. Machtlos war ich ja der Willkür der Menschen, dem Zufall ausgeliefert. Oder sollte es doch kein Zufall sein, war mir der Weg, den ich ging, von höherer Stelle vorgeschrieben?

Wieder ein Szenenwechsel

Wir beschlossen, nachdem etwa zwei Monate meines Aufenthaltes bei Sickmanns verstrichen waren, wieder einmal die Szene zu wechseln und in unsere „zweite Heimat", nach Herbern, zurückzukehren. Bei Aschoffs hatte sich in der Zwischenzeit unseretwegen nichts Unerfreuliches ereignet. Trotzdem galt für alle Beteiligten die Parole, mehr denn je auf der Hut zu sein, auf jeden Vorgang doppelt vorsichtig zu achten, mussten wir doch glauben, dass jemand von unserem „zweiten Leben" Kenntnis hatte. Wie leicht konnte aus diesem einen Funken ein nicht mehr einzudämmender Brand entstehen.

Bombennächte

Bombenangriff

Und wieder ließen schlimme Ereignisse, das Näherrücken der Fronten, die unfreiwillige Beteiligung der Zivilbevöl-

kerung am Kriegsgeschehen, den Wahnsinn dieses Krieges allzu deutlich werden. Die Bombardierung auch der näher gelegenen Städte nahm erschreckende Ausmaße an, nachdem die Großstädte bereits zum größten Teil vollständig zerstört waren. Es war ein makabres Schauspiel, wenn beim Phosphor- und Brandbombenhagel die Nacht zum Tage wurde, wenn man von dem Bauernhof aus, der etwa in der Mitte zwischen Dortmund und Münster liegt, genau erkennen konnte, wie insbesonders die alte Regierungsstadt mit ihren von hoher Kultur zeugenden Bauten, Kirchen und Denkmälern in Schutt und Asche gelegt wurde!

Merkwürdigerweise hatte ich nie das geringste Angstgefühl bei den Bombenangriffen, obwohl der Anflugweg dieser zerstörenden Verbände fast immer über unser Wohngebiet führte. Mich ergriff auch keine Panik bei „akuter Luftgefahr". Ich lief nicht einmal in den nahegelegenen, schützenden Wald. Es war, als ob eine innere Stimme mir sagte, dass Gott nicht wollen könne, uns durch ein – an meinem Leid gemessen – „kleines Unheil" zu vernichten, wenn er schützend seine Hand über uns drei Menschenkinder gehalten hatte, mitten in aller Gefahr.

Ist es nicht auch ein Wunder, dass im Herbst 1944 ein Bomberverband nach einer vernichtenden Bombardierung Münsters die wahrscheinlich nicht losgewordenen Bomben wahllos über den Höfen abwarf, etwa fünfzehn Bomben wie in einem Kreis rings um den Bauernhof niederprasselten – und uns nichts geschah? Selbstredend brachten sie Schrecken und Ängste, Erschütterungen und riesige Bombentrichter, aber weder Mensch noch Tier wurden dabei verletzt.

Rache Gottes?

Wer aber kann mir verübeln, wenn ich beim Auflodern der Flammenberge in der Nacht etwas ganz anderes als Angst empfand! Vielleicht konnte man das nur damals verstehen, heute könnte es mir als ein sehr niedriges Gefühl ausgelegt werden. Wer aber kann mir zürnen, wenn ich trotzdem heute, nach so vielen Jahren, die Wahrheit bekenne? Der Brand, die Flammen ließen manchmal eine Genugtuung in mir aufkommen, ein Gefühl der Vergeltung, Vergeltung für die mutwillig ausgebrannten und zerstörten Synagogen des 9. November 1938, dieses unseligen Rückfalles der Deutschen in die Barbarei. Unsere Gotteshäuser waren im Frieden zerstört worden. Jetzt war Krieg. Gewiss bedauerte ich jedes einzelne Menschenleben, das ihm zum Opfer fiel. Aber es schien mir doch eine Rache Gottes, die nun auf die Menschen herniederkam, auf die Menschen, die damals gleichgültig zugesehen hatten, es sogar guthießen, wenn die Synagogen brannten. Die Rache Gottes, der die Zerstörung seiner Gotteshäuser nicht ungestraft zulässt.

Anni Aschoff (l.) als Zwölfjährige

Einquartierung

Im letzten Kriegsherbst im Jahre 1944, als die Fronten schon bedenklich näher rückten, wurden auf den ländlichen Gehöften Herberns und so auch auf dem Aschoffschen Hof Soldaten einer Studentenkompanie einquartiert. Damit vergrößerte sich natürlich auch die Gefahr für mein Töchterchen und mich, von einem Kreis von Menschen verdächtigt, bespitzelt oder gar verraten zu werden. Unser erster Gedanke war, uns gänzlich vor den Männern zu verbergen. Wäre ich allein gewesen, hätte ich mich in einem kleinen Versteck – unsichtbar für Fremde – aufhalten können, wozu auch mein Mann schon beinahe zwei Jahre gezwungen war. Auch das war schon schwierig bei der Vielzahl von – im Gegensatz zu uns – echten Evakuierten, Fremdarbeitern und zuletzt auch noch der Einquartierung, und es scheiterte völlig daran, dass man ein Kind unmöglich auf unbestimmte Zeit in ein Zimmer sperren und zwingen konnte, sich so zu verhalten, dass es sich nicht durch ein lautes Wort oder eine unachtsame Bewegung verriet.

Deshalb blieb uns nur die eine Möglichkeit, uns weiterhin „unters Volk zu mischen“. Es hieß eben, doppelt aufzupassen, insbesondere bei dem unvermeidbaren Umgang mit diesen Uniformierten, deren bloßer Anblick mir schon Schrecken einflößte, und sich nichts anmerken zu lassen. In den nächsten Tagen kamen wiederholt Offiziere auf den Hof. Wäre die Angst nicht mein ständiger Begleiter gewesen, hätte man die Studien, die zu machen ich als Außenstehende imstande war, bestimmt als interessant bezeichnen können.

Menschen zweiten Grades

Zum größten Teil setzte sich diese Studentenkompanie aus Menschen zusammen, die nie einen ausgeprägten Willen, eine eigene Weltanschauung entwickelt hatten und die, gleich einer Herde Vieh, einfach mit der Menge trotteten.

Dann gab es einige Unbelehrbare, Fanatiker, denen man sicher schon als Pimpfen nationale, verblendete Ideologien eingetrichtert hatte. Sie hatten es dank besonderen Hervortuns zu hohen Posten und Ämtern gebracht und setzten alles daran, nichts von ihren Erfolgen einbüßen zu müssen. In ihren Gesprächen ließen sie offen durchblicken, dass sie – und sei es mit brutalster Gewalt – bereit waren, die ihnen eingehämmerten verlogenen Ideen vom Herrenmenschentum der nordisch-germanischen Rasse durchzusetzen. Man hatte ihnen eingehämmert, dass Juden, allein ihrer Rasse und Religionszugehörigkeit wegen, Untermenschen und Menschen zweiten Grades seien, dass Juden und Imperialisten den Krieg angezettelt hätten, und in ihrer Borniertheit glaubten sie das auch. Sie waren zu verblendet, um einzusehen, dass eine systematische Verfälschung und Verdrehung der Tatsachen die Machtübernahme Hitlers überhaupt erst ermöglicht hatte. Sie ignorierten einfach, dass alles Gerede vom Frieden von Anfang an darauf abgestellt war, Hitlers Kriegsvorbereitungen zu vertuschen. In ihrer Verblendung waren sie auch geneigt zu glauben, dass ihnen der Krieg von den anderen Völkern aufgezwungen worden sei. Sahen sie denn wirklich nicht, wie von allem Anfang an alles, alles darauf abgestellt gewesen war, was Hitler unternahm? Der gesamte Propagandaapparat, die Pläne, jedweden zu organisieren und zu militarisieren, sie dienten nur dazu, um mit dem Überfall auf Polen diesen furchtbaren Krieg vom Zaune zu brechen. Wären denn die Nachbarländer, wären Polen, Frankreich, Holland und Belgien wirklich so unvorbereitet und leicht zu überrumpeln gewesen, wenn sie nicht den wiederholt abgegebenen Friedensbeteuerungen dieses „größten Feldherren aller Zeiten“ – wie er sich selbst nannte – geglaubt hätten?

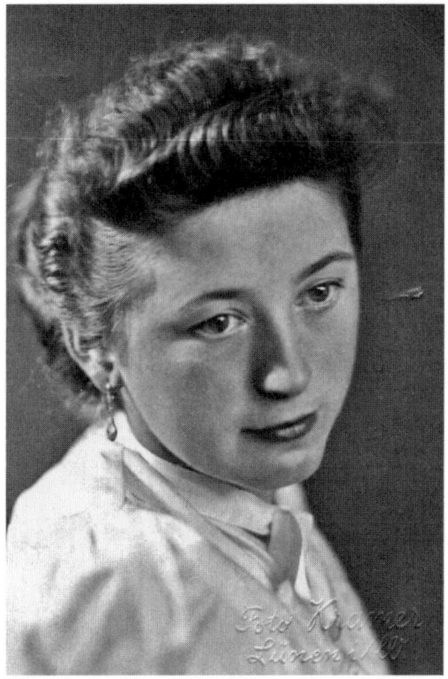

Ein Foto von Anni Aschoff, als sie etwa 20 Jahre alt war

Für mich und für unsere gleichdenkenden Freunde waren dies lange schon klar erkannte Tatsachen, und es fiel uns oft nicht leicht, bei derartigen Gesprächen unsere persönliche Anschauung und Einstellung für uns zu behalten.

Aber es gab da auch eine, wenn auch kleine Anzahl von Soldaten, die anders dachten – insbesondere lernte ich einen Feldwebel kennen –, mit denen ich zwar nie über mein Geheimnis zu sprechen wagte, von denen ich aber glauben durfte, dass sie nichts von der Parole vom „guten Deutschen“ und „schlechten Juden“ hielten. Vielleicht war ihnen dieses Ammenmärchen zu dumm, oder vielleicht hatten sie einfach zuviel gesehen! Fühlten sie überhaupt noch als Deutsche, wollten sie noch etwas mit diesem „Volk der Dichter und Denker“ gemein haben? Konnten sie denn nach alledem überhaupt noch an ihr deutsches Vaterland und seine führenden Männer glauben?

Sie munkelten von Gaskammern

Wie hätten sie die Augen verschließen können vor dem, was geschah! Waren sie nicht Zeugen gewesen von Massengräbern, die sich halbverhungerte Greise, Jünglinge, Frauen und Kinder selbst schaufeln, in die sie sich nackt hineinlegen mussten, um dann von zynisch lächelnden SS-Männern mit Garben von Maschinengewehrsalven zu Tausenden niedergemetzelt zu werden?

Sie berichteten nur zögernd, nur ängstlich von dem Entsetzlichen: Dass es mit elektrisch geladenem Stacheldraht umgebene Konzentrationslager gab. Sie munkelten von Gaskammern, in denen an einem einzigen Tag Hunderte von jüdischen Menschen fabrikmäßig getötet wurden – Ärmste der Armen, allein wegen ihrer Religion in Vernichtungslager gesteckt, an deren Tor, wie im Konzentrationslager Buchenwald, zum bitteren Hohn die Worte eingemeißelt waren: „Recht oder unrecht: Dein Vaterland!"

Gewiss, sie sprachen nicht gern darüber oder nur in Bruchstücken. Gerade sie konnten es nicht wagen, die nicht mehr an den „Endsieg" glaubten und die ihn sich gar nicht wünschen konnten, da dann alles Recht, jedwede Gerechtigkeit und jede noch bestehende Religion, auch die christliche, in den Boden gestampft worden wären. Warum kamen sie aber gerade im Gespräch mit mir überhaupt darauf? Fühlten sie sich mir verbündet – wenn es auch nie mit einer Bemerkung angedeutet wurde? Sie achteten sehr darauf, dass außer ihnen „Gleichgesinnten" niemand etwas von dem erfuhr, was leider nur allzu wahre Tatsache war. Wie leicht hätten sie sonst selbst in ein solches Lager kommen können! Es war ja damals die gebräuchlichste Redewendung, zumal wenn gegen das Regime Vorwürfe erhoben wurden: Sei still, sonst kommst du ins KZ!

Und ein jeder hat gewusst, dass damit nicht ein Erholungsheim oder eine Vergnügungsstätte gemeint war!

Eine Giftgasdose

Diese zwei schrecklichen Buchstaben: KZ!

Sie besagten, dass hier der Weg des Menschen zu Ende war...

Und immer wieder wurden in mir diese bruchstückhaften, aber doch damals mit eigenen Ohren gehörten Berichte unselig lebendig, wenn wir nach dem Krieg tausendfach zu hören bekamen: „... ja, das haben wir doch nicht gewusst!"

Warum sagen sie so? Sind sie zu feige, ihr Wissen einzugestehen? Wollen sie sich selbst belügen oder ihr Gewissen beruhigen? Ich kann und will nicht behaupten, dass alle wissen mussten, was in den KZs geschah. Aber viele der Soldaten waren doch Fahrer von Transporten, um nur die „geringfügigste" Beteiligung herauszugreifen, einer flüsterte es doch dem anderen zu! Aber keiner unternahm etwas!

In fünf Minuten vergast

Bereits im Jahre 1942 hatte ein heimliches Gespräch meines Mannes mit einem ihm von früher bekannten Polizisten in Dortmund stattgefunden – es hatte den eigentlichen Antrieb zu unserem Vorhaben gegeben, nicht mit den Unseren zusammen den Weg in die sichere Vernichtung zu gehen. Damals sagte dieser Polizist meinem Mann ganz offen: „Wenn sie dich zum Osten schicken, sieh zu, dass du nicht in einen geschlossenen Waggon steigst. Dann bist du in fünf Minuten vergast! Ich habe es selbst gesehen."

Dieses Gespräch genügte, uns – die wir doch damals von allem ausgeschlossen waren – mit der schrecklichen Wahrheit bekannt zu machen. Und sie alle, die mitten darin standen, an jedem Erleben Anteil haben konnten, sie sollen nichts davon gewusst haben?

Oder, was noch schlimmer ist, sie wollen heute nichts mehr davon wissen.

Eine Begebenheit aus jenen Tagen aber, die mir jetzt – nachdem ich einen gewissen Abstand gewonnen habe –

beinahe amüsant erscheint, will ich hier berichten. Eines Abends – die älteren Familienangehörigen hatten sich schon zur Ruhe begeben – saßen einige erwachsene Kinder der Familie Aschoff und ich zusammen am Herdfeuer, um uns noch etwas zu erwärmen. Es gesellten einige der Einquartierten sich unserem Kreise zu. Da wurde über alles Mögliche gesprochen, bis man auf einmal beim Thema Literatur angelangt war. Man sprach über Bücher, über damals verbotene, sogenannte „entartete Kunst“.

Um den Schlaf gebracht

Da hörte ich schon einen, der mir immer schon rein äußerlich und in der ganzen Art seines bewusst „teutschen“ Auftretens als der fanatischste der bei uns einquartierten Soldaten erschienen war, einen Spruch zitieren:

Oh, verflucht, diese Schweine!
Ich verbrannte einen Band Heinrich Heine.
Da wusch ich die Hände mir säuberlich
und denke, nun sind sie wohl reine!

Das war fast mehr, als ich ertragen konnte. Im stillen bat ich den Dichter um Verzeihung, dass ich nicht für ihn einzutreten vermochte. War nicht auch er ein Verbannter gewesen, der am Heimweh nach Deutschland starb? Von ihm stammt der Vers:

Denk ich an Deutschland in der Nacht,
bin ich um meinen Schlaf gebracht.

Oder jener andere:

Ach, jenes Land der Wonne,
das seh ich oft im Traum;
doch kommt die Morgensonne,
zerfließt's wie eitel Schaum.

Hätte ich das alles doch dem Hohlkopf entgegenschleudern können! Aber hätte Heine das überhaupt gewollt? Blitzartig kamen mir auch jene Verse in den Sinn aus dem „Buch der Lieder", die für diese schlimme Zeit für mich das Leitmotiv abgeben mochten:

Anfangs wollt' ich fast verzagen,
und ich glaubt', ich trüg es nie;
und ich hab' es doch getragen –
aber fragt mich nur nicht wie?

Drängte es mich, diese Verspottung eines großen Deutschen zu rächen? Oder wollte ich nur diesen „Herrenmenschen" bloßstellen? Ohne Überlegung hörte ich mich selber die Frage an ihn stellen: „Was ist das eigentlich, ein Jude? Woran kann man ihn erkennen?... " Schon spürte ich einen heimlichen Fußtritt, mit dem mir Anni, die älteste Tochter, meine Unbesonnenheit zu verstehen geben wollte.

Mit allen möglichen Ausflüchten versuchte nun der Gefragte, um eine Antwort herumzureden, bis er schließlich sagte, das könne er nicht so ohne weiteres erklären. Da gebe es gewisse Rassemerkmale und er fühle es eben ganz einfach, wenn jemand Jude sei; er spüre ganz instinktiv, wenn ein Jude in seine Nähe käme...

Ich konnte es nicht wagen, mir eine weitere Blöße zu geben. Es war schon recht schwer, unter den vielsagenden Blicken meiner „Verbündeten" unbefangenen Ernst zu wahren. Am liebsten wäre ich trotz der tragischen Situation in Lachen ausgebrochen. Ich hatte aber meine Genugtuung: Ich, eine Jüdin, saß diesem „Arier" genau gegenüber, und musste mir seine Formulierung von dem „sicheren Erkennen" eines jüdischen Menschen anhören!

Die nächsten Wochen vergingen wieder ohne besondere Ereignisse, bis mir kurz vor Weihnachten ein neuer

Heinrich Heine (1797-1856), jüdischer Dichter der Romantik

Schrecken eingejagt wurde. Es war ein eiskalter, stürmischer Wintertag. Die Lebensmittelzuteilungen waren recht dürftig geworden und täglich kamen oft bis zu zwanzig Menschen auf den Bauernhof, um sich etwas Essbares zu erbitten. Jeden Morgen wurden dann auch von der Bäuerin entsprechende Stücke Speck, Eier und dergleichen zurechtgelegt. An diesem Spätnachmittag – es war schon fast dunkel – klopfte es wiederum. Das Anliegen des Besuchers ahnend, wurde ich gebeten, zur Tür zu gehen und den Mann zu bescheiden, die für diesen Tag bestimmte Ration sei schon weggegeben worden. Beim Öffnen wurde mir die Haustür fast vom Sturm aus den Händen gerissen. Es stand auch wirklich ein Mann draußen, der nach Lebensmitteln fragte. Auftragsgemäß sagte ich meinen Spruch auf, da hörte ich aber schon die Stimme von Frau Aschoff, deren gutes Herz es wieder einmal nicht zuließ, jemanden so wegzuschicken. „Frau Krone“, rief sie, „loat’s eenen Augenblick waorten, ick mak em en Boutterbraut!“ (Frau Krone, lassen Sie ihn einen Augenblick warten, ich mache ihm ein Butterbrot.)

Arglos fragte ich in der Wartezeit den Unbekannten: „Mein Gott, wo kommen Sie denn noch so spät her bei einem solchen Wetter?“ – „Aus Ahlen“, erwiderte der Mann... Ahlen! Das gab mir einen Schock. War es Einbildung, dass ich meinte, er habe mich dabei so merkwürdig angesehen? Warum in aller Welt musste ich ihm auch diese Frage stellen!

Mehr Mut als mancher Soldat

Ich war so erregt und ängstlich, dass ich nicht wagte, der Familie Aschoff von dem kurzen Gespräch etwas zu berichten. Wieder einmal kam mir die unsäglich gefährliche Lage zum Bewusstsein, in der wir uns immer noch befanden, mein Mann, von dem ich nicht wusste, ob er nicht von einem zum anderen Tag in seinem Versteck aufgestöbert wurde, mein Kind und ich.

Noch viel bedrückender aber war es, wie sehr wir diese tapferen Menschen gefährdeten. Sie bewiesen mehr Mut als mancher Soldat, der zwar auch sein Leben einsetzte, aber wenigstens wusste, wo der Feind stand. Diese Menschen hier wussten nicht, während sie aus reiner Menschenliebe handelten, ob nicht ihre deutschen Brüder und Schwestern ihre Feinde waren, die sie verrieten.

Ich legte mich hin, aber wieder einmal konnte ich keinen Schlaf finden. Ein Gedanke jagte den anderen: Konnten wir es überhaupt noch verantworten, alle diese Menschen in solche Gefahr zu bringen? Hatten wir nicht in der Zeitung gelesen, wie man holländische Menschen in den Straßen von Amsterdam als abschreckendes Beispiel erschossen hatte, nur weil sie es wagten, ihre jüdischen Mitbürger zu verstecken? Auch hier würde man nicht viel Federlesens machen! Wir Todgeweihten konnten vielleicht fliehen und versuchen, uns weiterhin zu retten. Aber wenn auch nur einer von unseren Freunden deswegen sein Leben verlieren musste, wir hätten nie in unserem Leben wieder Ruhe gefunden. – Und es bestand kein Zweifel, dass man sämtlichen Familienmitgliedern – in dieser Zeit der Sippenhaftung –, Eingeweihten und Uneingeweihten, den Prozess gemacht haben würde.
O Gott, mögest du uns vor dem Ärgsten bewahren!

Näherrücken der Ostfront, Ende 1944

Bis zum letzten zu verteidigen

Im Spätherbst 1944 häuften sich die vernichtenden Bombenangriffe auf die Städte unserer nächsten Umgebung. Urlauber berichteten, dass die Kriegsfronten immer enger ins Innere des Landes vorrückten. Die bei uns einquartierten Soldaten erhielten mehrfach den Befehl zur Einsatzbereitschaft, der einige Male aufgehoben und immer wieder kurzfristig erneuert wurde. Der von der amerikanischen Armee bereits über Aachen hinaus vorgetriebene Angriff ließ vermuten, dass sie auch an anderen Stellen vorgehen würden.

Infolge dieser Umstände kamen für uns Schwierigkeiten auf, mit denen wir bislang nicht gerechnet hatten. In allen Zeitungen, bei jeder Rundfunknachricht wurde wieder und wieder befohlen, im „Falle eines Angriffes des Feindes auf unser Vaterland jede Stadt, jedes Dorf, jedes einzelne Haus, jeden Bauernhof bis zum letzten zu verteidigen“. Und inzwischen war sich jeder darüber im klaren, dass diese immer wieder eingehämmerten Parolen zur bitteren Wahrheit werden sollten. Wenn dieses Regime einen Befehl erteilte, kam er auch zur Durchführung, gleichgültig, wie auswegslos und irrsinnig er von vornherein erschien. Hitler hatte an sein deutsches Volk appelliert: „Gebt mir zehn Jahre Zeit, und ihr werdet Deutschland nicht wiedererkennen!“ – und wie grausam hatte sich seine Voraussage erfüllt! Er hatte prophezeit, dass er das Judentum mit Stumpf und Stiel würde ausrotten – und auch dieses gottlose Versprechen war von ihm gehalten worden!

Menschenleben waren Nebensache

Dass bei einem Sieg über Deutschland ihr Leben zu Ende sein würde, wussten diese Herren ganz genau. Und nun lag ihnen nur daran, es nach Möglichkeit zu verlängern, koste es, was es wolle. Wie viele Menschenleben dieses makabre Spiel noch kosten würde, war für sie eine Nebensache.

Schlaflose Nächte

War denn allen Deutschen in den elf Jahren, die dieses Schreckensregime schon andauerte, jede Kraft zum Denken verloren gegangen, konnten sie wirklich glauben, mit der Verteidigung jedes einzelnen Hauses eine Entscheidung gegen eine erdrückende Übermacht herbeizuführen? Zeitigte das unaufhörliche Eintrichtern der nationalsozialistischen Ideen derart grausige Auswirkungen,dass das Leben eines

einzelnen nichts, gar nichts mehr galt, wenn es – wie die Propaganda behauptete – um die Freiheit der Nation ging? Sah so die geistige Freiheit eines Volkes aus, wie sie dereinst von Arndt, Lessing und Schiller gepriesen wurde? Diese Art von Freiheit der Nation war nichts als die bitterste Knechtschaft.

Wir mussten damit rechnen, dass wir im Falle eines Kampfes den Hof verlassen mussten. Wie aber hätten wir uns ausweisen können, wenn wir von den Behörden nach unserer Herkunft befragt wurden? Es kam der 29. Oktober 1944, ein denkwürdiger Tag für mich! In den Nächten zuvor hatten auf die Regierungsstadt Münster die vernichtendsten Angriffe des Krieges stattgefunden. Augenzeugen berichteten, dass die Stadt einem Flammenmeer gleiche, die Behörden zerstört und Auffanglager zur neuen Registrierung errichtet seien.

Blitzartig kam mir da der Gedanke, die Lage auszunutzen und vielleicht ein Ausweispapier für uns zu erhalten. Ein äußerst gefährliches Unternehmen! Ich wagte nicht, meinen Mann vorher in Kenntnis zu setzen, da ich mir der Gefahr dieses Versuches bewusst war. War es angebracht, für ein falsches Papier, von dem ich nicht einmal wusste, ob ich es erhalten würde, mich in die „Höhle des Löwen“ zu begeben? Meine innere Stimme sprach mir Mut zu, und ich weihte die älteste Tochter der Familie Aschoff in meinen Plan ein. Wie oft hatte sie sich in allen möglichen Situationen als tapferer, guter Freund erwiesen! Mutig, wie sie war, und auch ein wenig abenteuerlustig bot sie mir an, mich zu begleiten.

Am späten Vormittag machten wir uns mit Fahrrädern auf den Weg. Kaum waren wir auf der Straße von Herbern nach Münster, als es bereits Fliegeralarm gab. Da waren auch schon in erschreckendem Ausmaß Tiefflieger zu sehen, die zum Sturzangriff auf Lastwagen, Autos und Pferdefuhr-

Auf dem Amt: Neue Papiere für Margarete Krone

werke ansetzten und sie mit Bordgeschützen beschossen. So nahe waren sie uns, dass wir die Piloten in den Kanzeln erkennen konnten! Schnell warfen wir die Fahrräder hinter eine Böschung und suchten in dem an die Straße grenzenden Wald Schutz. Es war nicht ein einziges Flugabwehrgeschütz zu hören, das die Flugzeuge hätte vertreiben können, und so konnten sie völlig ungestört ihre Aufgabe ausführen, auch noch die letzten Nachschubwege und Versorgungsfahrzeuge zu zerstören.

Das Hauptgeschwader schien abgedreht zu haben und wir wagten uns aus unseren Schlupfwinkeln hervor. Welch grausamer Anblick bot sich uns bei unserer Weiterfahrt von zerschossenen Wagen, von Toten und Verletzten! Ihr Armen, wofür musstet ihr sterben?

Bei unserer Ankunft in Münster lag ein übler Brandgeruch über der Stadt. Aus den Trümmern der letzten Bombennächte stieg noch immer Rauch, wohin man auch blickte. Ziellos fuhren wir durch die Straßen, die noch befahrbar waren. Unsere Überlegung war, bei der Behörde anzugeben, dass wir beim Vormarsch der Amerikaner ins Landesinnere flüchten mussten. Deshalb ließ ich mir in einem improvisierten Postamt ein Telefonbuch von Stolberg geben, einem Ort, der des öfteren in Wehrmachtsberichten genannt wurde. Für den Fall, einen Beamten anzutreffen, der zufällig aus dem gleichen Ort war, wollte ich eine Adresse haben, die wirklich existierte. Die Jülicher Straße 3 dachte ich mir als „frühere Wohnung" aus. Aber auch von dort hätte ich einen Ausweis haben müssen! So beschloss ich anzugeben, dass wir durch Hilfe von Bekannten vorübergehend nach Münster gekommen seien. Unsere Unterlagen seien beim letzten Bombenangriff verlorengegangen.

Gewiss war alles reichlich unglaubwürdig, aber infolge des unbeschreiblichen Durcheinanders in der Stadt mochte es wohl angehen, dass niemand längere Nachforschungen anstellte. Wir sahen uns einige zerstörte Häuser an und fanden am Eingang einer fast völlig zerstörten Straße die Aufschrift „Gruetgasse“ an den Ruinen eines Hauses das Nummernschild 1/2. Jetzt erkundigten wir uns nach der zuständigen Meldestelle für diesen Bezirk und wurden zu einem ehemaligen Schulgebäude, jetzt erstes Polizeirevier, verwiesen.

Münster im Bombenkrieg

Durchgelogen

Dort angekommen sank mein Mut erheblich. Meine Begleiterin blieb voll Aufregung bei den Fahrrädern zurück und harrte der Dinge, die jetzt kommen mochten.

Wer kann mir nachfühlen, wie mir zumute war, als ich – eine Person, die gar nicht existieren durfte! – in das mit einem Hakenkreuz geschmückte Gebäude trat und schließlich von einem Uniformierten nach meinem Anliegen gefragt wurde! Zögernd trug ich ihm meine Lügengeschichte vor. Er stutzte bereits gleich zu Anfang meiner Erzählung und bemerkte, dass er gar nicht verstehen könne, wieso ich mit einem Kind ausgerechnet nach Münster, das als Hauptgebiet für Luftangriffe angesehen werden müsse, evakuiert worden sei. Sicherlich war er übermüdet, dieser Wachtmeister Scholz, sonst hätte er schon da meine Verwirrung bemerken müssen!

Gezwungenermaßen aber log ich weiter, dass Bekannte mich mitgenommen hätten. Wo wir denn in Münster gewohnt hätten, lautete seine Gegenfrage. Ich antwortete ohne Überlegung: „Gruetgasse 1/2“.

Da sah der Beamte zu mir auf. Noch heute fühle ich seinen misstrauisch durchdringenden Blick, als er erwiderte: „Ich wohne da ganz in der Nähe. Da war aber doch gar kein Wohnhaus!“

Blitzschnell arbeiteten meine Gedanken: Jetzt eine andere Hausnummer anzugeben, müsste sofort seinen Ver-

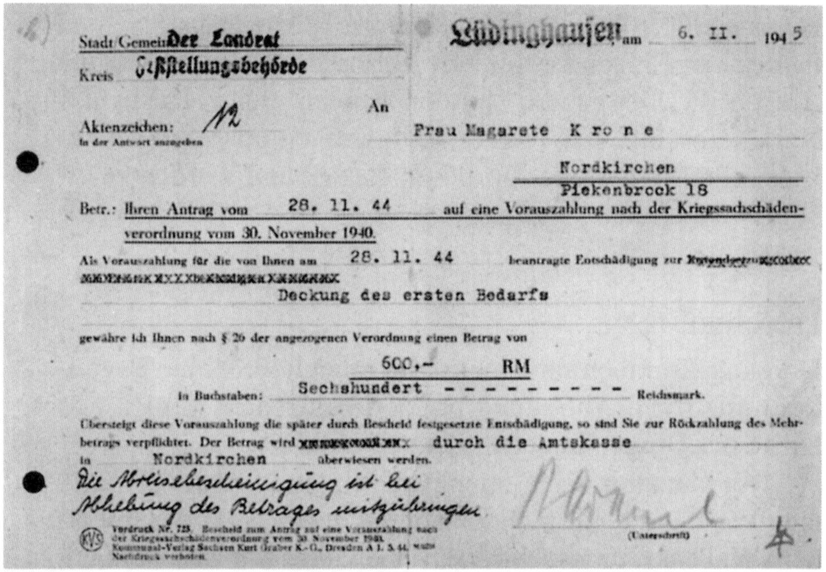

Stadt/Gemeinde Der Landrat Lüdinghausen, am 6. II. 1945
Kreis Feststellungsbehörde

Aktenzeichen: 12
In der Antwort anzugeben

An
Frau Margarete K r o n e
Nordkirchen
Piekenbrock 18

Betr.: Ihren Antrag vom 28. 11. 44 auf eine Vorauszahlung nach der Kriegssachschädenverordnung vom 30. November 1940.

Als Vorauszahlung für die von Ihnen am 28. 11. 44 beantragte Entschädigung zur XXXXXXXXXXXXXXXXXXXXXXXXXXXXXXXXXXXXXXXXXXX Deckung des ersten Bedarfs

gewähre ich Ihnen nach § 26 der angezogenen Verordnung einen Betrag von 600,- RM
in Buchstaben: Sechshundert ---------- Reichsmark.

Übersteigt diese Vorauszahlung die später durch Bescheid festgesetzte Entschädigung, so sind Sie zur Rückzahlung des Mehrbetrags verpflichtet. Der Betrag wird XXXXXXXXXXX durch die Amtskasse in Nordkirchen überwiesen werden.

Die Abreisebescheinigung ist bei Abhebung des Betrages mitzubringen

(Unterschrift)

Vordruck Nr. 723. Bescheid zum Antrag auf eine Vorauszahlung nach der Kriegssachschädenverordnung vom 30. November 1940.
Kommunal-Verlag Sachsen Kurt Graber K.-G., Dresden A 1. 5. 44.
Nachdruck verboten.

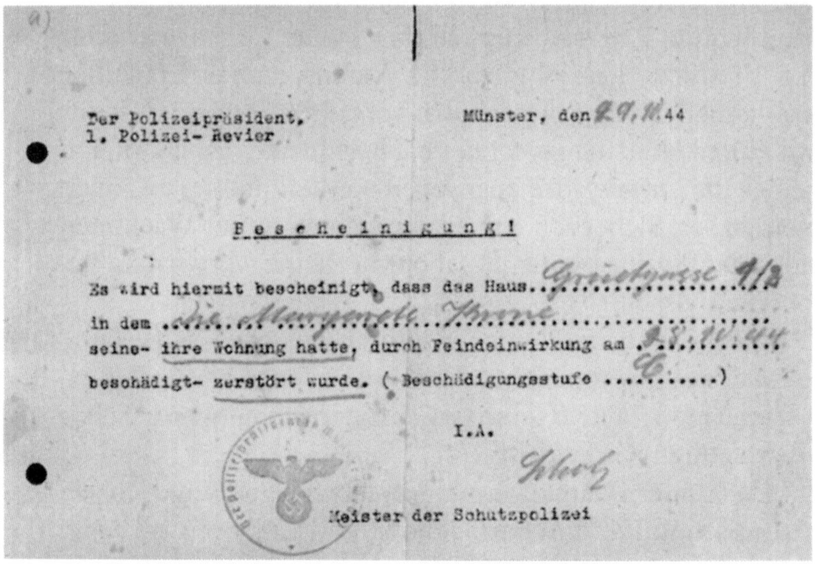

Der Polizeipräsident, Münster, den 29.11.44
1. Polizei- Revier

B e s c h e i n i g u n g !

Es wird hiermit bescheinigt, dass das Haus Grünegasse 9/3 in dem die Margarete Krone seine- ihre Wohnung hatte, durch Feindeinwirkung am 28.11.44 beschädigt- zerstört wurde. (Beschädigungsstufe ....C.......)

I.A.
Scholz
Meister der Schutzpolizei

Die neuen Papiere Margarete Krones und die Genehmigung der Vorauszahlung über 600 RM nach der Kriegsschädenverordnung vom 30. November 1940

dacht hervorrufen. Ein Haus mit dieser Nummer hatte dort gestanden, und wenn es kein Wohnhaus war, konnte es vielleicht ein Geschäftshaus gewesen sein. Niedergeschlagen und voller Aufregung trug ich ihm vor, dass wir nur einige Tage notdürftig im Nebenraum eines Ladens untergekommen wären.

Es war heraus; komme, was da wolle!

Ich bin sicher, dass nur das Chaos nach diesen entsetzlichen Zerstörungen und die nachdrängenden Menschen in diesem Augenblick meine Rettung waren! Sie ließen den Wachtmeister nicht Zeit und Ruhe, bei meiner Angelegenheit länger zu verweilen. Und ich konnte es kaum fassen: Er stellte mir wirklich eine Bescheinigung aus! Mit dem Augenblick, wo er unter das Dokument den Stempel mit dem mir so verhassten Hakenkreuz setzte, wusste ich, dass diese „Schlacht" für mich gewonnen war. Nun würde ich auch weitere Papiere bekommen!

Rettende Fälschung

So war es – und so ist es noch heute. Zeigt man bei einer Behörde ein einziges abgestempeltes behördliches Schreiben vor, forscht niemand mehr nach dessen Richtigkeit!

Ich beging diese Fälschung für mein Kind und mich, um mich einer Gefahr zu entziehen, in die wir völlig unverschuldet geraten konnten. Wie oft aber wurden Fälschungen nach dem Krieg von jenen Menschen angewandt, die schwere Schuld auf sich geladen hatten und mit gefälschten Papieren und unter falschem Namen ein Leben in geheuchelter Unschuld führten! Wie aber können sie das „Leben" nennen, wo sie oft Hunderte und Tausende von Menschenleben auf dem Gewissen haben! Wenn sie sich nicht völlig von aller menschlichen Bestimmung abgekehrt hätten, könnten sie so nicht leben, beladen mit ungeheurer Schuld.

Noch völlig verwirrt von dem Erlebten, berichtete ich meiner tapferen Vertrauten, die voll Aufregung und Ungeduld auf mich wartete. Wie aufrichtig nahm sie doch an unserem Schicksal teil, als ob es das ihre wäre!

Stolz auf unseren „Erfolg“ fuhren wir heimwärts. Nun galt es, mich mit diesem wertvollen „Wisch“ auch offiziell anzumelden. Zuerst einmal fuhr ich am darauffolgenden Sonntag zu Familie Silkenbömer, um in aller Heimlichkeit meinen Mann zu sprechen. Der aber verurteilte mein Tun und ließ sich auch durch das Vorweisen des „Dokumentes“ nicht umstimmen. Seine Ansicht blieb, dass die erhaltene Bescheinigung nicht die Gefahr aufwiege, in die ich mich begeben hätte.

Ich fühlte mich trotzdem erheblich sicherer als „Margarethe Krone“. Es wurde beschlossen, die Anmeldung in Nordkirchen vorzunehmen. Falls irgendwelche Nachforschungen nach meiner Person und der Zuzugsgenehmigung kommen sollten, hätte man uns immer noch in Herbern verständigen können. Es wurden auch weiterhin alle Vorsichtsmaßregeln beibehalten, denn wir waren noch keineswegs am Ende.

Das Schicksal scherzt

Und es schien auch gleich zu Anfang einen schlechten Start zu geben. Beim Amt in Nordkirchen traf ich ausgerechnet auf ein junges Mädchen, das ich schon vorher bei der Familie Südfeld in Südkirchen kennengelernt hatte. Zum Glück war ich ihr auch als Frau Krone vorgestellt worden – aber als Evakuierte aus Dortmund! Auf der Bescheinigung aber war Stolberg als meine Heimat angegeben …

Ich weiß heute noch nicht, ob sie einen Betrug ahnte, oder ob sie annahm, dass ich vielleicht aus einem ihr unbekannten Grunde erzählt habe, dass ich aus Dortmund sei, nicht aus Stolberg, wie mir jetzt amtlich bescheinigt worden war … Kaum hatte ich diesen Schreck überstanden, wurde ich nach Anschrift und Verdienst meines Mannes befragt. Einmal begonnen, musste ich mein Lügengespinst weiterspinnen: Mein Mann sei vermisst, und als Verdienst nannte ich irgendeine glaubwürdige Zahl.

Automatisch erhielt ich auf diese Anmeldung hin einen einzureichenden Antrag auf Gewährung von Familienunterhalt. Auch die noch fehlende „Abreisebescheinigung“ aus Stolberg wurde mir vom Amt Nordkirchen als „Ersatz“ für die verlorengegangene ausgestellt. Als ich später an die angegebene Wohnung bei Familie Silkenbömer einen Bescheid erhielt, für Karin und mich monatlich 14 Reichsmark abzuholen, erschien es mir wie ein Scherz, den sich das Schicksal erlaubte …

Seltsamerweise lebte ich mich so in den Gedanken als „Margarethe Krone“ ein und glaubte so sehr an das von mir angegebene Schicksal, dass es oft schwerfiel, zwischen Dichtung und Wahrheit zu unterscheiden. Dass ich während der Zeit meines Untertauchens auf den Namen Krone hörte, war verständlich, dass ich aber auch jetzt noch prompt auf den Anruf „Krönchen“ höre, wenn er hin und wieder von unseren damaligen Beschützern scherzhaft gebraucht wird, beweist doch, wie sehr er zu meinem Leben dazugehört. Lange nach Kriegsende gab ich bei Behörden, ohne es zu merken, das Geburtsdatum an, das ich mir als Frau Krone zugelegt hatte.

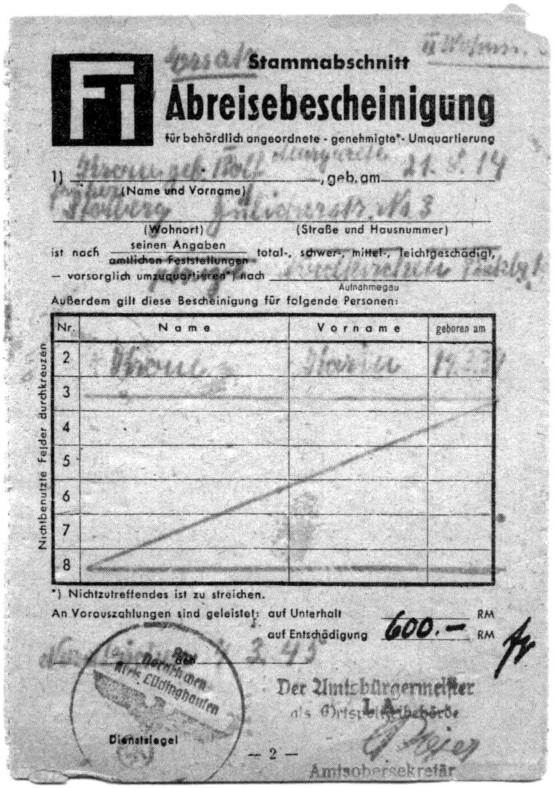
Fi
Stammabschnitt
Abreisebescheinigung
für behördlich angeordnete · genehmigte*· Umquartierung
1) ______, geb. am 21. 8. 14
(Name und Vorname)
Stolberg ______ Nr. 3
(Wohnort) (Straße und Hausnummer)
ist nach seinen Angaben / amtlichen Feststellungen total-, schwer-, mittel-, leichtgeschädigt,
— vorsorglich umzuquartieren*) nach ______
Aufnahmegau
Außerdem gilt diese Bescheinigung für folgende Personen:

Nichtbenutzte Felder durchkreuzen

Nr.	Name	Vorname	geboren am
2	Krone	Karin	
3			
4			
5			
6			
7			
8			

*) Nichtzutreffendes ist zu streichen.
An Vorauszahlungen sind geleistet: auf Unterhalt 600.– RM
auf Entschädigung RM
Dienstsiegel
Der Amtsbürgermeister als Ortspolizeibehörde
I. A.
— 2 —
Amtsobersekretär

Auf den Namen „Krone“ ausgestellte Abreisebescheinigung

4. Die Rettung

Es geht dem Ende zu

Alles geht einmal vorbei – auch dieser unselige Krieg neigte sich dem Ende zu. Die Lücken in den Reihen der Truppen wurden immer größer. Von denen, die davongekommen waren, hörten wir erschreckende Berichte über die Konzentrationslager im Osten. Ihre Insassen, die die furchtbaren Jahre bis dahin überstanden hatten, wurden zusammengepfercht und erschossen, damit dem nachrückenden Gegner der Einblick in die von Deutschen begangenen Grausamkeiten verwehrt würde. Damit schwand unsere letzte Hoffnung, auch nur einen einzigen unserer Anverwandten wiederzusehen.

Kurz vor Ostern 1945, das für den westfälischen Bereich das Kriegsende brachte, hatte mein Mann noch einmal Todesangst auszustehen. Auf dem Silkenbömerschen Hof fand eine Besichtigung aller verfügbaren Räume statt, um für eine Einquartierung vorbereitet zu werden.

Schlagartig erfasste Herr Silkenbömer, dass die Kommission auch den Raum betreten würde, in dem sich mein Mann befand. Äußerlich ruhig rief er, als ob er das Personal fragen wollte: „Wo is en de Schlüetel?" (Wo ist denn der Schlüssel?) Das war das zwischen meinem Mann und ihm verabredete Zeichen bei drohender Gefahr. Um meinem Mann ein paar Minuten Zeit zu verschaffen, das dafür vorgesehene Versteck aufzusuchen, entschuldigte sich Herr Silkenbömer bei den Männern, dass er die Toilette aufsuchen müsse.

Mein Mann, der das Gespräch mitangehört hatte, befürchtete, den Leuten direkt in die Arme zu laufen, wenn er sich in die mit Tapeten beklebte Luke begeben würde. Sie lag im Flur, durch den sie heraufkommen mussten, und führte über das Heu auf den über der Scheune befindlichen Teil des Gebäudes. Kurzerhand versteckte er sich im Kleiderschrank und hörte auch schon die befehlende Stimme eines der Männer, die Herrn Silkenbömer erklärte, dass ein Regimentstab der SS zur Einquartierung komme. Welche Schreckensstunden für meinen Mann und wie glücklich war er, als ihm Herr Silkenbömer nach acht Stunden verkünden konnte, dass die SS-Leute auf Befehl wieder weitergezogen seien!

Siegmund Spiegel und Tochter Karin 1945

Karwoche 1945

Wir hörten von Kämpfen bei Ahaus, und im alliierten Bericht hieß es, dass Spitzen der Truppen bereits in den Raum Lüdinghausen vorstießen. In der Nacht zum Gründonnerstag hörte man deutlich in einiger Entfernung das Grollen des Geschützfeuers. Doch nicht ein Funke Freude regte sich, dass wir nun bald befreit sein würden – in mir bohrte wie bei allen anderen die Angst vor dem nahe bevorstehenden Kriegsende. Was mochten uns die letzten Tage bringen?

Am Karfreitagmorgen kamen die Kinder von Aschoffs von der Beichte zurück und berichteten, dass im Dorf schon amerikanische Panzer stünden. Der Bericht gab mir das Gefühl, endlich freier atmen zu können. Aber es war noch nicht die wirkliche Befreiung: Was konnte noch geschehen, wie lange mochte der Kampf währen, wenn wirklich Dorf für Dorf, Hof für Hof verteidigt würden? Was mochte sich inzwischen in dem nur wenige Kilometer entfernten Nordkirchen zugetragen haben?

Die Nacht zum Sonnabend vor dem Osterfest steht noch ganz deutlich in meiner Erinnerung: Gegen Abend wurden heimlich Lebensmittelvorräte in ein Versteck gebracht, um uns für einige Tage mit Nahrung zu versorgen, falls es zu Kämpfen kommen sollte. Die jüngste Tochter der Familie und Karin hatten unsere Heimlichtuerei bemerkt und anscheinend schreckliche Angst bekommen. Nach dem Grund ihrer Angst befragt, gaben sie zur Antwort, sie hätten solche Angst vor den Amerikanern. Es war eine Ironie des Schicksals, dass Karin keine Angst vor ihren deutschen Mitmenschen kannte, die sie doch zum Tode verurteilt hatten – sie fürchtete sich vor den Befreiern, den Fremden, die uns Rettung brachten.

Die Kleine war so verschüchtert, dass ich mich früh mit ihr zu Bett begab. Fest drückte ich mein Kind an mich, das im Halbschlaf immer wieder aufschreckte und stöhnte. Meine Gedanken wanderten zu meinem Mann, zu meiner einzigen Schwester, wanderten zu all meinen Tanten und Onkeln, Schwägern und Schwägerinnen und zu deren blühenden Kindern. Ich dachte an jeden einzelnen von ihnen und begann sie zu zählen, einen nach dem anderen. Es waren siebenunddreißig geliebte Menschen unserer Familien, die man fortgenommen und verschleppt hatte in die alles mordenden Lager im Osten des „Großdeutschen Reiches“ – wer von ihnen würde den Augenblick der Befreiung erleben?

Waffen-SS

Stern der Freiheit

Im Garten hörte ich Schritte. Ich öffnete leise das Fenster, und Herr Aschoff, der auch nicht schlafen konnte, zeigte mir, wie auf der anderen Seite des Dorfes eine heftige Feuersbrunst loderte. Er erkannte an der Richtung, um welche Gehöfte es sich handelte. Sie waren von SS-Leuten besetzt worden, die wirklich in ihrem Fanatismus versucht hatten, amerikanische Panzer zu beschießen, bis dann diese Höfe noch zuletzt dem Krieg zum Opfer fielen.

Kaum hatte ich mich wieder hingelegt, ließ das in regelmäßigen Abständen vorüberrollende Geräusch schwerer Fahrzeuge mich erneut aufhorchen. Vorsichtig, um das Kind nicht zu wecken, stand ich auf und sah deutlich in der nahenden Morgendämmerung riesengroße Panzer mit gelben Planen bedeckt, über die Straße Ascheberg–Herbern rollen. Stundenlang fuhren die Kolonnen und als es heller wurde, war deutlich der Stern der Alliierten auf den Planen der Panzer zu erkennen – der Stern der Freiheit für uns! Und da war es das erstemal, dass mein Herz freudiger schlug, dass mir beim Anblick der „Feinde" das feste Bewusstsein kam, endlich befreit zu sein von aller Todesangst.

Am anderen Morgen hatte ich keine Ruhe im Haus zu bleiben. Ich ging mit Anni zur Frühmesse. Der Gedanke, meine Befreier zu sehen, beschleunigte meine Schritte. Und wirklich, beim Herannahen des Ostermorgens sah ich die ersten amerikanischen Uniformen . . .

Ich ging mit zur Kirche, nahm ein Gebetbuch zur Hand, kniete nieder, hörte die heilige Messe und betete – betete in einer katholischen Kirche zu meinem Gott. Aus tiefstem Herzen dankte ich ihm für meine Rettung und bat inständig, dass auch mein Mann den langersehnten Augenblick der Freiheit erleben möge.

Wir verließen die Kirche und vor mir stand ein langer amerikanischer Militärpolizist, Kaugummi kauend, dessen angespannte Miene sich erhellte, als ich ihn englisch ansprach und in knappen Worten zu verstehen gab, dass er einen Freund vor sich habe – im Feindesland. Am liebsten hätte ich mich ihm zu Füßen geworfen und diese Füße geküsst, die ihn aus einem anderen Erdteil zu mir geführt hatten.

Wiedersehen

Den Kindern auf dem Hof brachte ich den ersten Kaugummi, die erste Schokolade mit. Frau Aschoff empfing uns und sagte, dass wir uns beeilen möchten, ich solle schnell ins Zimmer gehen, ein amerikanischer Offizier sei da, den Hof zu beschlagnahmen. Ich beruhigte sie, dass das bestimmt nicht geschehen würde, wenn der Sachverhalt geklärt sei. Ich legte mir schon die Worte in Englisch zurecht, die ich vorbringen wollte, öffnete die Tür – und erkannte, dass Frau Aschoff einen Scherz gemacht hatte, um mich zu überraschen: Mein Mann war bereits am frühen Morgen durch die langen Reihen der amerikanischen Militärfahrzeuge zu uns gekommen.

Was für ein Wiedersehen! Sogleich verlangte er nach dem Kind. Wir erzählten Karin, dass ihr Vater heimgekommen sei, und ich ging hinaus, um etwas zum Essen zu richten. Schon nach wenigen Minuten kam Karin weinend zu mir in die Küche und sagte: „So einen Papi will ich aber gar nicht haben!"

In der Stube erfuhr ich dann den Sachverhalt: Die Kleine war laut, hatte um meinen Mann herumgetollt, der aber – während siebenundzwanzig Monaten hatte er nur Flüstern gekannt – keine laute Stimme mehr vertragen konnte, und der nach kurzem Weg mit dem Fahrrad bereits so erschöpft gewesen war, dass er hatte absteigen müssen. Durch das ewige Stillsitzen und Stillverhalten hatte er die Bewegung und das Sprechen verlernt.

Komischer Irrtum

Ein Vorfall von einmaliger Tragikomik ereignete sich kurze Zeit später. Den Fremdarbeitern auf dem Hof war aufgefallen, dass mein Mann, wie sie glaubten, ein „deutscher Offizier", direkt nach Kriegsschluss zurück sei. Sie nahmen an, dass er aus der Gefangenschaft flüchtete oder sich ihr ent-

Die Amerikaner sind da

zogen habe. Heimlich verständigten sie die amerikanische Kommandantur und wir sahen nichtsahnend zwei große offene Wagen, besetzt mit amerikanischen Soldaten, auf den Hof kommen. Sogleich stürzten sie von den Fahrzeugen und mit vorgehaltenen schussbereiten Gewehren herein. Angeführt wurden sie von einem Polen. Erschrocken sahen wir uns an, als dieser auch schon auf meinen Mann zuging, mit der Hand auf ihn deutete und zu den Soldaten sagte: „Das ist er!“ Mein Mann wurde leichenblass, er konnte sich nicht erklären, was man von ihm wollte oder ihm zur Last legen würde. Ich fragte den Offizier, was los sei, und erfuhr, dass man den „deutschen Offizier“ inhaftieren wolle.

Natürlich war das Missverständnis schnell aufgeklärt. Auf der einen Seite gab's eine kleine Enttäuschung wegen der nicht stattgefundenen Verhaftung, bei uns und bei den Amerikanern aber ein herzliches Gelächter.

Einige Zeit später erhielten wir auch Aufklärung über jene Stunden meines „zweiten Lebens“, die die bittersten unserer Versteckzeit überhaupt gewesen waren. Der Wachtmeister, der die Haussuchung bei Pentrop durchführen sollte und der inzwischen erfuhr, dass mein Mann lebte, suchte uns auf. Da stellte sich heraus, dass diese Haussuchung auf eine Anzeige des Pflichtjahrsjungen erfolgen sollte. Man hatte aber lediglich die Aufgabe gehabt, nach einer männlichen Person zu suchen, und würde gar keinen Verdacht geschöpft haben, wenn man mich wirklich gesehen hätte. Und welche Angst hatte ich damals ausgestanden!

5. Ist damit alles zu Ende?

Amerikanische Panzer im zerstörten Münster

Mein Bericht endet hier. Wir blieben noch einige Wochen gemeinsam auf dem Aschoffschen Hof und kehrten dann nach Ahlen zurück, in die Stadt, aus der wir vor sieben Jahren ausgewiesen worden waren.

Unsere Freude über die Befreiung aber war getrübt, denn trotz langen Wartens und Hoffens blieben wir allein. Kein einziger unserer Verwandten gesellte sich zu uns, und bald wurden unsere Vermutungen zur bitteren Gewissheit: Wir hatten siebenunddreißig der nächsten Angehörigen verloren! Aber auch andere Juden kehrten nicht zurück. Die jüdische Gemeinde hatte aufgehört zu bestehen.

Wir hatten nicht die Kraft, uns zu freuen, und nicht die Kraft zu hassen, uns zu rächen. So war es nicht nur bei uns. Überall, wo noch ein jüdischer Mensch wieder auftauchte, war es das gleiche: Sie waren zu abgestumpft, zu schwach, um eine rechte Freude über die wiedergewonnene Freiheit zu empfinden. Nicht einmal zum Auflodern von Hass- und Rachegefühlen reichte unsere Kraft. Wir waren nach zwölf Jahren offener Bekämpfung und Verfemung keines heroischen Gefühls mehr fähig.

Die jüdische Religion verbietet Vergeltung und Rache auch an Feinden, und das war uns durch Generationen hindurch so in Fleisch und Blut übergegangen, dass es – zusammen mit der Apathie, die uns befallen hatte – unser Verhalten, unsere Reaktion erklären könnte. Wir mussten mühsam lernen, wieder frei zu denken und zu handeln, und waren keines eigenen Entschlusses fähig. Wir waren gewohnt zu gehorchen, Verbote und Verordnungen, die man uns auf-

Familie Spiegel mit ihrem 1946 geborenen Sohn Daniel

erlegte, stillschweigend zu dulden und zu befolgen. Wir hatten schweigen müssen, wenn wir misshandelt wurden, schweigen, auch wenn wir zu Unrecht beschuldigt wurden. Die Mütter schwiegen, wenn die Kinder in ihren Armen erschossen wurden, und alle schwiegen, wenn sie in die Gaskammern gingen.

Und jetzt, da wir nicht mehr schweigen mussten, hatten wir das Schreien verlernt... !

Und so wurde an keinem unserer Verfolger Vergeltung geübt. Auch wenn wir seine Taten kannten, durch uns wurde keine Todesstrafe verhängt.

Aber ich habe seither tausendfach darüber nachgedacht, ob das alles wirklich das Ende war.
Das Ende wovon?

Hat es sich gelohnt, dieses Ende? Lohnte es sich überhaupt noch für uns Übriggebliebene weiterzuleben? Haben sich die Millionen Opfer gelohnt? Hat sich die Menschheit geändert, ihren Rassenhass besiegt, hat sie gelernt um den furchtbaren Preis, den sie mit dem Heer von Gefallenen, Vermissten und Gemordeten bezahlte?

Wann alles begann, weiß ich, aber ich kenne nicht das Ende.

II

Rettermut
Jugendliche auf Spurensuche

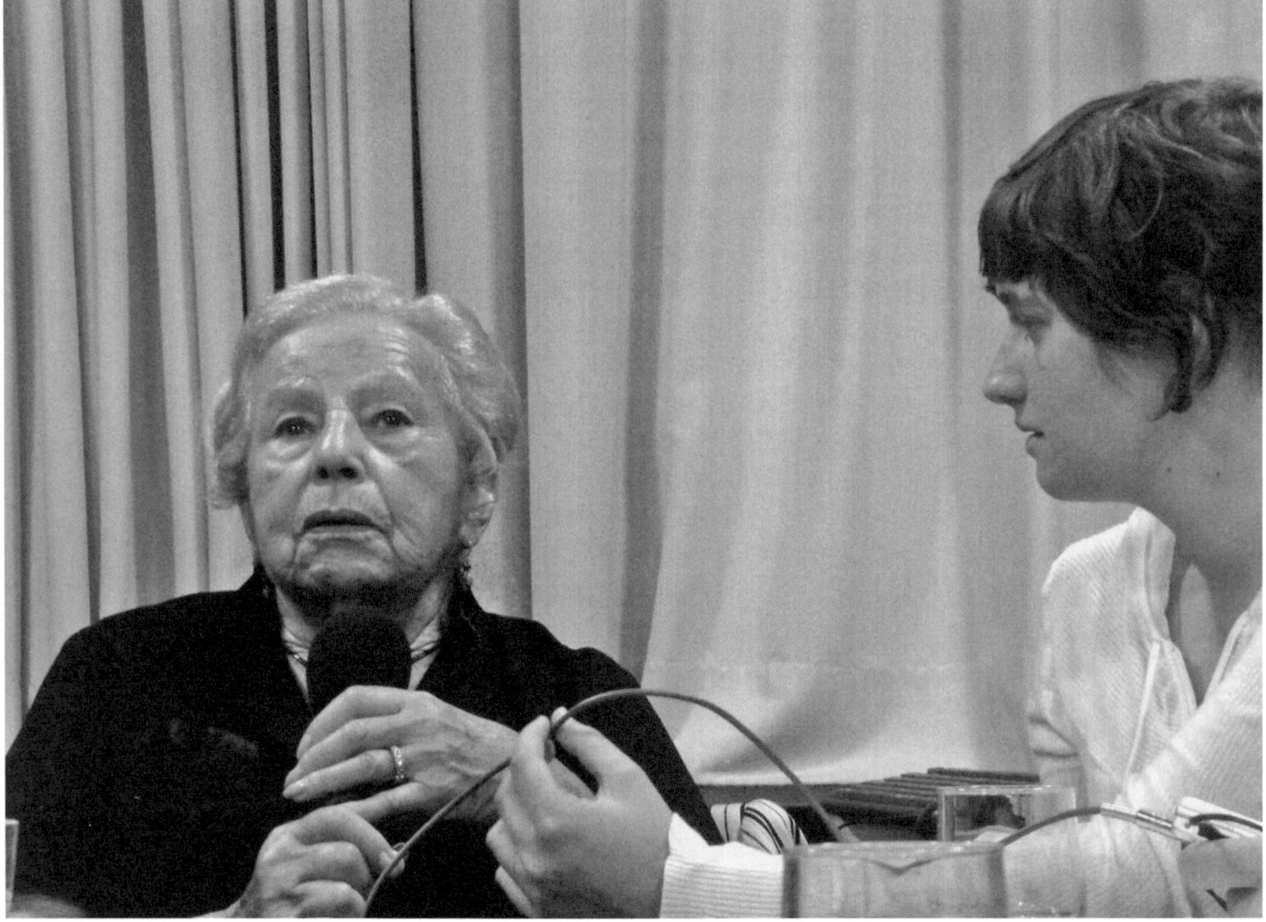

Marga Spiegel, Interview im Annette-von-Droste-Hülshoff-Gymnasium

Zweieinhalb Jahre werden Marga und Siegmund Spiegel und ihre Tochter Karin vor den Nationalsozialisten auf fünf Bauernhöfen im Münsterland versteckt. Wir wollten Zeitzeugen dieser außergewöhnlichen Geschichte kennenlernen. Und wir erfuhren: Frau Spiegel lebt in unserer Stadt, hier in Münster, 95 Jahre alt, ein paar Straßen von unserer Schule entfernt! Obwohl sie ihre Geschichte schon oft erzählt hat und diese Erinnerung sie immer wieder aufwühlt – sie war gern bereit, sich mit uns zu treffen und unsere Fragen zu beantworten.

Wir, das sind fünfzehn 17- bis 18-jährige Schülerinnen und Schüler, die sich meist schon seit der Grundschulzeit kennen und alle auf dem Annette-von-Droste-Hülshoff-Gymnasium in Münster sind. Unser Pfarrer und Religionslehrer Christoph Schmidt-Ehmcke hat uns auf diese Geschichte aufmerksam gemacht. Und uns gleichzeitig mit einer Stiftung in Berlin bekannt gemacht: „Erinnerung, Verantwortung und Zukunft“. Sie hat ein Programm für einen Schul- und Jugendwettbewerb: „Europeans for Peace“. Und im Jahr 2007 hieß das Thema, mit dem man sich beschäftigen sollte: „Welche Männer und Frauen haben sich trotz Krieg und Diktaturen mutig für Menschlichkeit und Versöhnung, für den Frieden und die Wahrung von Menschenrechten eingesetzt?“

Wen, wenn nicht jene Bauernfamilien aus dem Münsterland, von denen Marga Spiegel in ihrem Bericht so dankbar erzählt hat, musste man da nennen? Wir fanden heraus: Die Höfe von Aschoff, Pentrop und Silkenbömer existieren noch. Die Bauernehepaare aus jener Zeit, die „Retter“, waren alle gestorben. Doch es gibt noch ihre Kinder und Enkelkinder: Am unmittelbarsten in die Rettungsgeschichte verwickelt war von ihnen die Tochter Aschoff, Anna Richter – sie war damals 20 Jahre alt. Wir besuchten Bernhard und Lieselotte Sickmann, die zu jener Zeit 12 und 17 Jahre alt gewesen waren, trafen Schwiegertöchter der Bauern Pentrop und Silkenbömer und ihre Enkel. Nur die entfernteren Verwandten der Südfelds sahen sich außerstande, uns mit weiteren Erzählungen außer den veröffentlichten weiterzuhelfen.

„Unbesungene Helden“ oder „Stille Helden“ werden sie genannt, in Israel „Gerechte unter den Völkern“. Nun hatten wir die Gelegenheit und einen Grund, sie zu besuchen und anderen von ihnen zu erzählen.

1. Anna Richter

Marga und Siegmund Spiegel mit Anni Richter

Anna Richter, am 27. April 1923 in Herbern geboren, ist das älteste von acht Kindern der Eheleute Heinrich und Maria Aschoff. Als Beruf gibt sie „Haustochter“ an. Sie heiratet 1948 Karl Egon Richter, einen Kaufmann, und zieht vom elterlichen Hof nach Ahlen. Hier wird auch ihr einziger Sohn geboren.

Heinrich Aschoff kann sich Großbauer nennen. In der Dorfkirche sitzt er mit seiner Familie hinter dem Adel bereits in der dritten Reihe.

Zum Essen versammeln sich alle an zwei Tischen: Die Aschoffs, der Verwalter, die Kötterfamilie und die Lehrköchinnen am Familientisch; am anderen Tisch das Personal: Dienstmädchen, Knechte und zu Erntezeiten noch zusätzliche Frauen und Männer aus dem Dorf. Für alle gibt es das selbe Essen. „Essen und Trinken war immer da“, sagt Anni. Und: „Wir haben keine Unterschiede gemacht“. Auch später nicht, als polnische und russische Zwangsarbeiterinnen und Zwangsarbeiter auf dem Hof arbeiten. Sie sitzen mit am Tisch der Bediensteten.

Es herrscht eine offene, großzügige und lebensfrohe Atmosphäre. Und doch war Gehorsam ein sehr wichtiges Erziehungsprinzip. Ein Plätzchen ungefragt zu nehmen, ist „Naschen“ und streng verboten.

Trotz ihrer wirtschaftlich und sozial hervorgehobenen Position halten die Eltern ihre Kinder zur Bescheidenheit an. Sie sollen „nicht meinen, etwas Besonderes zu sein“. Zuerst und vor allem sind die Anderen Menschen wie du und ich. Auch eine Uniform soll nicht täuschen. Sie macht keine besseren Menschen und stellt auch niemanden wirklich über den Anderen.

„Nicht besonders fromm“ sei man gewesen. Obwohl, nach alter Tradition, der Bruder des Vaters, als zweitältester, Priester geworden war. Sonntäglich besucht die Familie die Messe und wird misstrauisch, als Hitler eines Tages in seiner Rede die Kirche angreift. Im 1. Weltkrieg war Heinrich Aschoff Soldat gewesen und verwundet worden. Ein Kopfschuss hatte ihm ein Auge geraubt. Uniformen und Aufmärsche erinnern ihn daran. Und er ahnt wohl, dass Hitler Krieg bedeutete. Er hört regelmäßig Radio, auch die ausländischen Sender, eine Zeitung gibt‘s im Haus und sogar eine Illustrierte.

Immer mehr Deutsche werden für den Krieg gebraucht. So fehlen Männer und Frauen in den Fabriken und in der Landwirtschaft. Diese Lücken füllt das Regime mit „Fremdarbeitern“, vor allem aus dem besetzten Polen und Russland. Der Kontakt mit ihnen ist auf das Notwendigste zu beschränken. Um sie zu kontrollieren, werden sie nach der Arbeit in besondere Lager gesperrt. Jeder „gesellige Umgang“ mit der deutschen Bevölkerung ist ihnen verboten, ohne Sondererlaubnis durften sie kein öffentliches Verkehrsmittel benutzen. Polinnen und Polen müssen als erste ein violettes „P“ als Kennzeichen auf ihre Kleidung nähen.

Diese Isolierung von „rassisch Minderwertigen“ lässt sich nicht überall und auf Dauer durchsetzen. Auch auf dem Hof Aschoff nicht, in dessen Umgebung drei Lager liegen. Nach einiger Zeit bleiben die Zwangsarbeiter auf dem Hof, wohnen mit den anderen Arbeitern in einem Nebenhaus und bekommen eigene Arbeitskleidung. Anni erinnert sich noch heute an Antek, Josek und Franek aus Polen und an die beiden russischen Peter.

Im Dorf leben und arbeiten einige Juden. Einer verkauft und repariert Motoren, die auf dem Hof für’s Dreschen und

Häckseln gebraucht wurden. „Samson“ steht darauf gut lesbar. In der „neuen Zeit“ mit ihrem versteckten und immer offener werdenden Antisemitismus rät man Bauer Aschoff, den Schriftzug an der Maschine doch zu übermalen. Er weigert sich. Ein anderer jüdischer Dorfbewohner wandert früh genug aus. Anni ist mit Gerda und Margrit in einer Klasse, beide sind Jüdinnen. Anni befreundet sich mit Gerda.

Anni Richter in ihrer Wohnung in Ahlen 2007

Die neue Ideologie macht auf Anni keinen besonderen Eindruck. Sie lernt den Unterschied zwischen der germanischen und jüdischen Rasse kennen und weiß nun, was eins der schlimmste Vergehen ist: Sich mit Juden abgeben – eine Rassenschande. In der Schule erinnern die Lehrer die Schülerinnen und Schüler daran, ja nicht die nächste Hitlerrede am Radio zu versäumen. Auch auf dem Hof sitzen alle vor dem Volksempfänger, zusammen mit Nachbarn, die kein Radio besitzen. Anni ist dabei, hat aber immer etwas anderes zu tun, geht heraus, kommt wieder herein. Sie erinnert sich an den abgewandelten Hitlergruß: „Heil(t) Hitler!“

Trotzdem wäre sie gern wie alle ihre Klassenkameradinnen zum BDM („Bund Deutscher Mädchen“) gegangen. Es bedeutet schulfrei am Samstag und Sport auf dem Sportplatz. Aber die Eltern lassen sich nicht erweichen – Anni muss am Samstag zur Schule. Die Mutter will keinen Parteigenossen in Uniform auf ihrem Hof sehen: „Wenn der vorn hereinkommt, bin ich hinten raus!“ Sie verbietet Anni, in den BDM (Bund Deutscher Mädchen) zu gehen. Und als gegen Ende des Krieges ihr dritter Sohn, gerade 16, einen Stellungsbefehl erhält, beobachtet Anni, wie ihre Mutter den Brief öffnet, ihn liest und dann zerreißt. Es bleibt ohne Folgen.

In der Kristallnacht rücken Schläger der SA aus Werne an und zerstören die Werkstatt Samsons. Das Leben der Juden in Deutschland wird lebensgefährlich. Später werden auch Gerda und Margrit weggeholt. Die Juden kommen in ein Arbeitslager, heißt es. Und niemand wagt, weiter nachzufragen.

Nach dem Krieg wird Marga Spiegel an die Gedenkstätte Yad Vashem schreiben:

*„Die Bauern haben allesamt ihr Leben riskiert, hatten 7 bzw. 8 Kinder. Nur die älteste Tochter (*gemeint ist Anni, d. Verf.*) wusste, wer wir waren…*

Auch hier kann die Gefährlichkeit des Unternehmens nur angehend verstanden werden, wenn man die damalige Situation hier kannte. In der Zeit eines einzigen Siegestaumels erklärten sich Menschen bereit, drei Juden bei sich zu beherbergen, weil sie von der guten Sache überzeugt waren und fest daran glauben, dass ein solcher Unrechtsstaat nicht bestehen bleiben könne."

Nein, Angst hat Anni nicht gehabt. Man gewöhnt sich dran, sagt sie. Natürlich sei ihr bewusst gewesen, dass nichts herauskommen durfte. Die Eltern redeten nicht weiter über das Geheimnis.

Das Ende des Krieges ist auch eine Zeit der Rache. Zwangsarbeiter überfallen die Höfe im Münsterland. Der Hof Aschoff bleibt verschont. Die Familie hat die Spiegels beschützt, nun beschützen die Amerikaner die Aschoffs. Sogar ein gestohlenes Schwein findet seinen Weg zurück. Zwangsarbeiter, die bei Aschoff gelebt und gearbeitet haben, bringen es wieder.

Marga, Siegmund und Karin Spiegel verlieren 37 Verwandte im mörderischen Holocaust. Trotzdem entscheiden sie sich, Deutschland nicht zu verlassen. Sie ziehen zurück in „ihre" Stadt Ahlen, die sie „Heimatstadt" zu nennen immer zögern werden. Sie bleiben mit ihren Retterfamilien, auch mit deren Kindern und Enkeln, verbunden. „Anni", sagt Frau Spiegel, „ist mir die liebste!" Erst 1964/65 erfährt die Öffentlichkeit von diesem dramatischen Schicksal in dunkelster Zeit.

Familienfoto anlässlich der Verlobung (1954) von Annis Schwester (m.): In der ersten Reihe (2. v. l.) Bauer Aschoff, bereits Witwer. Hintere Reihe, vor der Haustür, Anni

Marga und Siegmund Spiegel setzen sich schon früh dafür ein, dass ihre Retter anerkannt und geehrt werden. Und Marga wünscht sich auch, dass ihre Retter einmal Israel besuchen können. 1962 schreibt sie nach Jerusalem:

„Ich las in der jüdischen Zeitung von einer Aktion, die christlichen Menschen zuteil wurde, die jüdische Menschen während der Verfolgungszeit gerettet hatten. Inzwischen las ich auch wieder, dass man die Namen der „gerechten Nichtjuden“ sammelt, um sie damit zu ehren.-

Der Tatbestand, den ich Ihnen mitteilen möchte ist der, dass mein Mann und ich mit unserer damals 4 jährigen Tochter 27 Monate von einigen christlichen Familien in der Nähe unseres Wohnortes aufgenommen, bezw. versteckt wurden und so der Verschickung entgingen... Wir besaßen damals nichts außer unserem gefährdeten Leben. Ich möchte Sie nun herzlich bitten, ob es eine Möglichkeit gibt, diese bewunderungswürdigen Menschen einem Aufenthalt in Ih-

rem Land vermitteln zu helfen. Es wäre bestimmt das Schönste, was ich diesen Menschen angedeihen lassen könnte, einmal als fromme Katholiken das Heilige Land bereisen zu können ... Es wäre deshalb wunderbar, und mein innigster Wunsch, wenn ich dazu verhelfen könnte, dass ihnen von jüdischer Seite solcher Dank und Ehrenbezeugung zuteil würde."

Dieser sehnlichste Wunsch wird erfüllt: Im Oktober 1969 ehrt die Gedenkstätte im Namen des Staates Israel die Eheleute Aschoff, Pentrop, Sickmann, Silkenbömer und Südfeld als „Gerechte unter den Völkern". Anni Richter nimmt diese Ehrung für ihre inzwischen verstorbenen Eltern entgegen. Und sie besucht Israel.

1971 verleiht der Bundespräsident Anni Richter das Bundesverdienstkreuz. Jemand fragt sie: „Wieso? Was haben Sie gemacht?" Sie antwortet: „Ich habe Menschen gerettet!" „Welche Menschen?" „Juden!" Die Fragerin wendet sich enttäuscht ab: „Ach so, Juden!"

2. Würden Sie es noch einmal tun?

Die Bauern Pentrop und Sickmann erinnern sich

Auszüge aus einem Radiointerview aus dem Jahre 1968:
Am Ende unseres ersten Besuchs bei der Familie Sickmann gibt es noch eine kleine Überraschung: Da hat es doch einmal ein Interview im Radio mit dem Opa gegeben! Das haben wir aufgenommen! Nach einigem Suchen wird man fündig, auch ein Kassettenrekorder ist im Haus. Wir hören hinein …
Das Interview wurde mit Bauer Pentrop, Bauer Sickmann und dem Sohn des Bauern Silkenbömer geführt. Der Anfang des Interviews fehlt. So wissen wir nicht, welcher Sender es ausgestrahlt hat und wann. Hinweise im Interview lassen vermuten, dass es nach der Verleihung von Ehrenurkunden des Staates Israel für die „Gerechten unter den Völkern" durch den israelischen Botschafter Asher Ben Nathan geführt worden ist, also 1968. Herr Pentrop und Herr Sickmann sind zu dieser Zeit, wie es der Reporter ausdrückt, „weit über 70 Jahre alt".
Reporter: Für Sie, Herr Sickmann, begann die Geschichte schon im März 1943 …
Sickmann: Ja, Herr Spiegel war damals in Dortmund beschäftigt und kam denn ab und zu mal zu uns hin. Wir haben uns dabei sehr gut unterhalten: Wenn es mal so weit wäre, dass sie auch abberufen würden, dann sollte er mal kommen.
Eines Tages war es dann wirklich so weit. Eines guten Tages kam er zu Mittag heran: Bernhard, du musst dafür sorgen,

Bauer Pentrup

dass ich unterkomme! Und da hab ich ihn erst einmal zwei, drei Tage bei uns behalten. Und hab ihn schließlich weggebracht nach Südkirchen hin.

. . .

Pentrop: Im März kam Herr Spiegel auf einen Samstagabend zu uns. Da hab ich zu ihm gesagt: „Für eine Nacht kannst du mal hier bleiben.“ Aus dieser einen Nacht sind dann acht Monate geworden. Aber dann wurde es auf einmal doch zu brenzlig, und da hab ich gesagt: Jetzt müssen wir aber etwas anderes unternehmen und hab ihn zu seiner Frau, nach Aschoffs nach Herbern, gebracht.

Er ist während dieser acht Monate hier auf dem Hof in völliger Abgeschlossenheit gewesen. Das heißt, er hatte ein kleines Zimmer, lebte aber auch zuweilen auch auf dem Dachboden beziehungsweise im Heu . . .

Pentrop: Er ging abends spazieren hinter den Hecken, wo ihn niemand sehen konnte im Dunklen, dass er etwas frische Luft kriegte.

Was hat Sie damals bewegt, einen Juden bei sich unterzubringen, einen Juden, von dem Sie genau wussten, welches Schicksal er erwartet, zu verstecken?

Pentrop: Ich war mit Herrn Spiegel sehr gut befreundet, und für mich war es eine Selbstverständlichkeit.

Immerhin, Sie haben damals Kopf und Kragen riskiert. Hatten Sie keine Angst, entdeckt zu werden?

Pentrop: Ja, ein gewisses Angstgefühl hat man da ja bei so einer Sache immer. Und, ich hatte ja so einen politischen Hass auf dieses System, das wir damals hatten, dass ich doch irgendwie Mut gefasst hatte.

Sie sind beide heute, Herr Sickmann und auch Herr Pentrop, weit über 70 Jahre alt. Würden Sie, wenn Sie heute vor der gleichen Konsequenz stünden, noch einmal so handeln, das heißt, würden Sie wiederum Menschen, die in Not sind, helfen?

Milchbauer Sickmann striegelt sein Pferd

Pentrop: Das ist wohl eine schwere Frage, weil die Verantwortung der eigenen Familie (gegenüber) doch zu groß wäre heute.

Nach dem Krieg wurde ja bekannt, was Sie getan haben. Wie haben die Nachbarn reagiert?

Pentrop: Ja, die Nachbarn, zum Teil sind sie neidisch, zum Teil lachen sie, zum Teil fragen sie: Was hast du eigentlich davon gehabt?

Ja, was haben Sie davon gehabt?

Pentrop: Ja, ich hab nichts für gefordert, hab nichts davon gehabt. Das ist auch nicht zu bezahlen!

3. Über Hubert Pentrop

Interview mit der Enkelin Lucia Lücke

Vor den Augen der Nazis einen Juden verstecken – was für ein Mut!

Lucia Lücke: Mein Opa kannte die Spiegels als Viehhändler. Er hatte ihm gesagt, dass er ihn verstecken würde. Er wusste irgendwie, dass etwas im Argen war, was Hitler mit seinen Konsorten mit den Juden vorhatte. Genaues wusste keiner, auch er nicht. Aber dass es nicht gut für ihn sein würde, das hat er vermutet.

Wie haben Sie selbst von dieser Geschichte erfahren?

Das weiß ich nicht mehr so genau. Herr und Frau Spiegel kamen uns öfter besuchen, so ein-, zweimal im Jahr. Und brachten für uns Kinder immer tolle Geschenke mit. Da haben wir gehört: Der Opa hat einen Juden versteckt!

Sie haben sich sicher oft gefragt, was ihn da veranlasst hat, ganz gegen den Zeitgeist zu handeln ...

Das kann auch ich nur vermuten. Er hatte so ein Gottvertrauen, so einen – wie soll ich das nennen? – Bauernstolz: Mir kann nichts passieren!

Aber es ist dann doch viel passiert: Der Pflichtjahrsjunge entdeckt ihn und später, als er wieder bei Pentrops ist, kommen Wachtmeister zur Hausdurchsuchung

Ja, als diese Polizisten vor der Tür standen, da hat er es doch mit der Angst gekriegt. Er hat ihn in eine Kornkiste gepackt und ihn so sofort weggebracht

Diese Panik kann man ja gut verstehen

Aber er war eigentlich ein sehr ruhiger, gelassener Mensch. Von ihm – er ist gestorben, als ich 8 war – gibt es Sätze wie: „Man muss nicht alles glauben, was in der Kirche erzählt wird, aber an den lieben Gott muss man glauben!“ Er hat sich hier auf dem Hof sehr sicher gefühlt, er hatte als Bauer auch viel Macht und auch Stolz. Als er dem Herrn Spiegel sagte: Ich versteck dich!, war er noch nicht der Meinung, dass er sich in große Gefahr begibt.

Er hat das Leben seiner Familie aufs Spiel gesetzt

Unser Hof lag sehr einsam, unser Opa hat nicht geglaubt, dass es auffallen würde. Allerdings hat sein Bruder, der auch hier wohnte, aber im Krieg war, ihn zur Rede gestellt. Herr Spiegel lebte ja im Zimmer dieses Bruders. Als er dann auf Heimaturlaub war, hieß es: Da kannst du nicht rein. Da ist der Jude drin. Sein Bruder war viel ängstlicher, war erregt: Wie kannst du einen Juden verstecken? Woanders wird man dafür an die Wand gestellt!

Verleihung der Ehrenmedaille der Stadt Ahlen an die Repräsentanten der Familien (v.l.n.r.) Südfeld, Pentrop, Sickmann, Silkenbömer und Aschoff, zweite von links: Marga Spiegel.

4. Familie Sickmann

Leonie Ahmer und Laura Seifert berichten über ihren Besuch bei Familie Sickmann:

Am Wohnzimmertisch der Familie Sickmann im münsterländischen Werne sitzen Bernhard und Margret Sickmann, Bernhards Schwester Liselotte, jetzt Reckers, und ihr Mann. Schälchen mit Schokoladenkeksen stehen zwischen Kaffeetassen und Tellern mit Blümchenmuster auf der verzierten Tischdecke. Frau Sickmann schenkt Kaffee ein, Liselotte durchmustert derweil noch ein Regal hinten im Raum. Sie sucht nach einem Album mit Fotos aus ihrer Kindheit während des Kriegs, Fotos aus der Zeit, als ihre Eltern Familie Spiegel bei sich aufnahmen.

Dieses nachmittägliche Zusammenkommen soll eine wichtige Frage beantworten: Was hat vor knapp 60 Jahren Menschen wie die Eltern von Lieselotte und Bernhard Sickmann vom Großteil der Deutschen unterschieden? Was hat ihnen zur Zeit des Zweiten Weltkriegs, im Deutschland unter Hitler, den Mut gegeben, Nazi-Regeln zu durchbrechen, um der Familie Spiegel zu helfen?

Ab 1943 kamen Marga und Karin, und für einen kürzeren Aufenthalt auch Siegmund Spiegel, bei Sickmanns unter. „Wir waren da ja noch Kinder“, sagt Lieselotte, „Bernhard war zwölf und ich siebzehn. Viel wussten wir nicht, ich als Zweitälteste von uns sechs Geschwistern wusste aber wohl, dass unsere neuen Mitbewohner Juden waren. Die Kleineren natürlich nicht, hinterher hätte sich noch einer verplappert.“ Bernhard nickt, überlegt kurz, ergänzt: „Ja, uns Jüngeren haben unsere Eltern die Spiegels als Familie Krone vorgestellt. Wir dachten, sie seien Evakuierte aus Dortmund. Das war ja nicht so ungewöhnlich damals – während der Kriegsjahre hatten wir mehrere Evakuierte bei uns wohnen."

Für Liselotte muss es doch eine enorme Belastung gewesen sein, als Einzige Bescheid zu wissen über die Gefahr der Situation, ohne sich irgendjemandem anvertrauen zu können. „Natürlich hätte ich gerne mit jemandem gesprochen, mich ausgetauscht... Aber ich durfte das eben nicht, so war das dann auch."

Marga Spiegel mit Tochter Karin

Damals seien Kinder „insgesamt viel gehorsamer" gewesen, da ist man sich einig. Die Rollenverteilung zwischen Eltern und Kindern sei anders gewesen als heute. Immer wieder betont Bernhard: „Wir haben halt immer das gemacht, was unsere Eltern uns gesagt haben. Da haben wir nicht nachgefragt, sondern einfach gehorcht."

Bernhard und Liselotte erzählen, sie hätten nie wie ihre Mitschüler zu den Treffen der Hitlerjugend oder des BDM gehen dürfen. Ihr Vater entschuldigte sie immer. „Dann mussten wir den ganzen Tag auf dem Feld schuften, während unsere Mitschüler spielen durften und Ausflüge machten." Nicht, dass Bernhard und Liselotte ihren Vater als besonders politisch einschätzen würden. Aber mit dem NS-Regime war er trotzdem nicht einverstanden. Gerade als Gegner des Nationalsozialismus muss er dann doch gewusst haben, welch verheerende Folgen sein Helfen für ihn und seine achtköpfige Familie gehabt hätte, wäre die wahre Identität der Familie „Krone" ans Licht gekommen. Unverständlich bleibt: „Warum haben sich Ihre Eltern zu diesem Handeln entschlossen, während doch fast allen anderen Deutschen der Mut und Wille dazu gefehlt hat?"

Frau Sickmann versucht, diese Entscheidung ihrer Schwiegereltern mit deren christlichem Glauben zu begründen. Vater und Mutter Sickmann seien „gute Katholiken" gewesen. Zwar hätten sie nicht überdurchschnittlich oft die Messe besucht, christliche Werte wie Barmherzigkeit und Nächstenliebe haben in ihrem Leben jedoch immer eine Rolle gespielt.

Bauer Bernhard Sickmann neben seinem Milchwagen, mit dem er Milch von den Höfen abholte und seine Kunden belieferte

Bernhard Sickmann Senior und Siegmund Spiegel waren schon lange vor dem Krieg gute Bekannte: Herr Spiegel hatte als Pferdehändler immer wieder das Haus der Familie besucht. Schon als die Situation der Juden in Deutschland begann, brenzlig zu werden, wandte sich Siegmund Spiegel Hilfe suchend an seinen Geschäftspartner und Freund – er schien ihm sehr zu vertrauen. „Einmal kam Herr Spiegel zu uns und bat um ein Gespräch unter vier Augen. Ich habe im Nachhinein erfahren, dass mein Vater ihm an diesem Tag zusagte, bei Gefahr zu helfen“, berichtet Liselotte Sickmann, „Ich glaube, das war sehr wichtig, als dann plötzlich Herr Spiegel mit Frau und Kind vor der Tür stand und um Unterschlupf bat. Da stand Vater eben zu seinem Wort. Versprochen ist versprochen, daran gab‘s nichts zu rütteln.“ Auf welches Risiko er sich da einließ, wusste Bauer Sickmann in diesem Augenblick wahrscheinlich noch nicht. Doch: Sein Versprechen hat er gehalten und rettete damit drei Menschen vor dem sicheren Tod.

Wie viel wussten die Deutschen über den Holocaust? Diese Frage wird zwischen den Generationen immer wieder diskutiert. Wir fragen, wie Liselotte und Bernhard Sickmann als Kinder die allmähliche Ausgrenzung der Juden aus der Gesellschaft erlebt haben. „Haben Sie Juden gekannt?“ Bernhard erinnert sich: „Ich hatte eine jüdische Klassenkameradin. Ein nettes Mädchen. Sie ist irgendwann von einem auf den anderen Tag verschwunden. Aber nachgefragt haben wir nicht." Wie kann denn so etwas sein? Es bleibt unvorstellbar für Jugendliche von heute: Eine Klassenkameradin verschwindet über Nacht und niemand wundert sich? Liselotte erklärt: „Das hatte ja schon lange vor dem Krieg angefangen, mit dem Ausschließen der Juden."

Sickmanns lebten ländlich, etwas abgeschieden, ohne direkte Nachbarn. Sie hatten ihren eigenen Betrieb, arbeiteten viel im Freien, in der Natur. Sich in seiner Position sicher und von beobachtenden Polizisten weit genug entfernt, konnte Bernhard Sickmann selbst über sein Schicksal entscheiden. Seine Entscheidung muss man waghalsig nennen. Man könnte ihm im Nachhinein vorwerfen, das Wohl seiner Familie riskiert zu haben, sie in Gefahr gebracht zu haben. Vernünftig, das war diese Rettungsaktion nicht. Der Preis für einen Fehlschlag hätte kaum höher sein können.

Dass Wunder geschehen können – das ist in diesem Buch nachzulesen. Wir erfahren von Menschen, die Wunder wirken. Diese Menschen hatten den Mut, ihren Glauben an das Gute nicht zu verbergen, sondern verwirklichten ihn. Bernhard Sickmann war einer von ihnen. Liselotte gibt ein Foto von ihm auf einem Pferd in die Runde. Ein weiteres zeigt ihn auf seiner ersten Israel-Reise. Weiter wird diskutiert, erzählt, gerätselt.

Am Ende des Nachmittags wundern wir uns noch immer über ihn. Wir stimmen ihm zu und freuen uns über sein Wunder. Und bewundern ihn.

5. Johanna Silkenbömer

Johanna Silkenbömer hat die Geschichte der Spiegels erst nach dem Krieg, nach ihrer Heirat mit Franz Silkenbömer, dem Sohn des Bauernehepaares Silkenbömer, kennengelernt. Was der „Opa“, wie sie ihn nennt, getan hat, weiß sie aus seinen und seiner Ehefrau Erzählungen.

Herr Spiegel hat ja sehr lange auf Ihrem Hof versteckt gelebt. Die Geheimtür, durch die er fliehen konnte, wenn Gefahr kam, ein unangemeldeter Polizeibesuch etwa, diese Geheimtür kann man immer noch sehen. Wie hat dieses Drama angefangen?

Johanna Silkenbömer: Nachts kam Herr Spiegel, mitten in der Nacht, und sagte: ‚Heinrich, du musst mich aufnehmen! Ich komme von Nachbarn, ich weiß nicht, wo ich bleiben soll.‘

‚Komm schnell herein und geh schnell nach oben hin!‘

Ja, und da ist er hier geblieben, bis ganz zuletzt, siebzehn Monate. Meine Schwiegermutter hat ihm Essen gebracht, wenn keiner im Haus war, sie ist die Treppe hochgegangen und hat das schmutzige Geschirr heruntergeholt. Sie hat es selbst weggespült, nicht das Personal, damit keiner es wusste.

Natürlich hat mein Schwiegervater Angst gehabt. Das hat er immer wieder erzählt, später. Dass es einer sah. Wir hatten ja fremdes Personal im Haus. Trotzdem – er hat es aus Gutheit getan!

Und Herr Spiegel durfte sich am Tag nicht auf dem Hof zeigen?

Nur Abends, wenn es ruhig war, kam er von seinem Zimmer runter, und die beiden, mein Schwiegervater und er, sie haben Radio gehört, was verboten war, und sie haben sich unterhalten, über das, was passiert war.

Was war der Bauer Silkenbömer, Ihr Schwiegervater, für ein Mann?

Unser Opa, der stand dafür, der war tatkräftig! Der setzte sich durch! ‚Ich hab' ihn aufgenommen und will das auch durchsetzen!' Wenn es gefährlich wurde, wenn jemand von der Polizei, von der Gestapo kam, dann sagte er: ‚Hör mal, du musst von Deinem Zimmer runter! Versteck dich im Heu!'

Jeden Sonntag ist er in die Kirche gegangen. Mit Pferd und Wagen. Er blieb nicht einmal aus. Sein Glaube war stärker als alles von Hitler. Meine Schwiegereltern waren fest überzeugt.

Sie sagten eben, er habe es aus „Gutheit" getan. Andere waren nicht so gut...

Er war nicht für Hitler. Er hatte drei Söhne, zwei davon waren vermisst, der andere verwundet. Und er selbst war auch im Krieg gewesen. Er war ganz gegen den Krieg!

Warum war es nicht so gefährlich, Frau Spiegel und ihre Tochter zu verstecken?

Die größte Gefahr war er, der Herr Spiegel. Frau Spiegel sah nicht danach aus. Der Spiegel war ganz anders... der war typisch Jude!

Ein typischer Jude?

Man konnte richtig sehen, dass er ein Jude war: Klein, das ganze Sprechen, und wenn er am Handeln war, ging es rund!

Und er war beliebt...

Mein Schwiegervater hat einfach Mitleid gehabt und hat gedacht: Ich will ihn durchbringen. Er wollt ihn einfach durchbringen. Er hing an ihm!

Frau Silkenbömer bei einem Wiedersehen mit Marga Spiegel 2007

6. „Sind doch auch nur Menschen!“

Von Münster zur Gedenkstätte Yad Vashem in Jerusalem

Es sieht recht unspektakulär aus, das Dossier 463, in dem die Geschichte der Rettung der Familie Spiegel aufbewahrt wird, auf den ersten Blick wie braunes Packpapier, mit ein paar Aufklebern mit Namen. Dieses Dossier liegt in Yad Vashem in Jerusalem, der berühmten und größten Gedenk- und Forschungsstätte des Holocaust.

Yad Vashem hat sich ein ungewöhnliches, in der Geschichte der Völker wohl einmaliges Ziel gesetzt: Dort will man nicht nur die Erinnerung an diese Katastrophe der Menschheit wachhalten. Es sollen auch „gute Menschen“ gefunden werden, „Gerechte unter den Völkern“, Menschen, die „ihr Leben riskierten, um Juden zu retten“. Und dies auch und gerade in Deutschland.

Das Dossier 463 ist inzwischen durch neues Material ergänzt worden – mit den Ergebnissen unseres Projekts. Der Weg dorthin dauerte eineinhalb Jahre.

Begonnen hatte er mit einer Aufgabe des Geschichtswettbewerbs der Stiftung „Erinnerung, Verantwortung und Zukunft“ in Berlin. Gesucht wurden Menschen, die trotz Diktatur menschlich geblieben waren. Wir „entdeckten“ Marga Spiegel, die in Münster wohnt. Wir besuchten ihre Retter, die münsterländischen Bauernfamilien. Interviewt haben wir gemeinsam: Leonie Ahmer, Tilo Backhaus, Jörn Dressler, Jakob Grave, Sophie Grundmann, Franziska Kabisch, Jonas Klockenbusch, Ann-Kathrin Kreienborg, Christina Herder, Silvana Mönkediek, Carina nathaus, Nikolas Neuhaus, Elsa Paus, Christine Rohe, Laura Seifert und Juliane Tölle. Sechs Stunden Interviewmaterial kamen zusammen.

Gleichzeitig waren wir in ständigem Kontakt mit unseren Austauschpartner in Israel, der Makif H High School in Rishon Le Zion. Vor einigen Jahren hat das Ev. Jugendreferat in Münster diesen Austausch begründet und in Zusammenarbeit mit dem Annette-von Droste-Hülshoff-Gymnasium entwickelt. Wir kamen überein, dieses Projekt mit unseren israelischen Freunden gemeinsam durchzuführen.

So waren sie, als sie im Herbst 2007 nach Münster kamen, sehr gespannt darauf, diese „guten Menschen“ kennenzulernen. Wir würden, so war unser Plan, mit ihnen zusammen einen ganzen Tag mit dem Bus durch das südliche Münsterland fahren und möglichst alle Bauernfamilien treffen und fragen können.

Vor der Gedenktafel für die deutschen Retter im „Garten der Gerechten“ in Yas Vashem, Jerusalem

Dazu waren wir jetzt gut vorbereitet. Wir hatten alle Frau Spiegels Buch gelesen. Frau Spiegel kam selbst zu uns: Über zwei Stunden lang beantwortete sie alle unsere Fragen. Über Wochen fuhren wir zu den Bauernhöfen, stellten unser Projekt vor und interviewten die Retter. Als die Israelis bei uns waren, meldete sich Frau Spiegel und machte einen Vorschlag, mit dem wir nicht gerechnet hatten: Sie würde gern mit uns zusammen noch einmal zu allen Bauernhöfen fahren, was wir natürlich aufregend fanden, würde sich daraus doch ein ungewöhnliches „Familientreffen“ ergeben: Die Retterfamilien mit Marga Spiegel, der Geretteten, zusammen mit uns, der deutschen und israelischen Enkelgeneration.

Im März 2008 war unser Gegenbesuch in Israel. Unsere israelischen Partner überraschten uns mit einer Ausstellung in ihrer Schule: Sie hatten ein, wie sie es nannten,

„Retterzimmer“ geschaffen. Wir durften es offiziell eröffnen. Man betritt das Retterzimmer zunächst durch einen düsteren Gang, an dessen Seitenwänden Bilder aus Konzentrationslagern hängen. Danach gelangt man in einen hellen Hauptraum, in dem die Rettung der Familie Spiegel veranschaulicht wird: Der Lebenslauf der Spiegels, Fotos aus der Kriegszeit, Farbfotos von unserer Begegnung mit Frau Spiegel und den Nachkommen der Retter, Zeitungsausschnitte.

In Yad Vashem, genauer der Gedenkabteilung „Gerechte unter den Völkern“, sind bisher 22.211 Personen als „Gerechte“ anerkannt worden (Stand vom 1. Januar 2008), besonders viele aus Polen (6066), den Niederlanden (4863) und Frankreich (2833); 455 Deutsche wurden bisher anerkannt und geehrt.

In einem „Garten der Gerechten“ sind ihre Namen, nach Nationen geordnet, auf Steintafeln geschrieben. Die Israelis hielten dort mit uns eine bewegende Gedenkzeremonie.

Und wir erinnerten uns: Bei unserem ersten Besuch von Anni Richter fragten wir: „Warum haben Sie so gehandelt, wo doch die meisten wegschauten und schwiegen?“

Sie zuckte mit den Schultern, schien unsere Frage nicht zu verstehen: „Wieso? Das ist doch selbstverständlich! Sind doch auch Menschen!“

Christoph Schmidt-Ehmcke

Begriffserklärung

Affidavit Bürgschaftserklärung, ermöglichte Verfolgten auszuwandern.

Alliierte Im Zweiten Weltkrieg gegen Deutschland verbündete Großmächte: Frankreich, Großbritannien, Sowjetunion und die USA (die beiden letzteren ab 1941).

Arbeitslager Stätten, an denen Menschen als → Zwangsarbeiter festgehalten werden. Es wurden zwischen 7 und 11 Millionen Menschen zur Zwangsarbeit im Deutschen Reich genötigt.

Arier Begriff der nationalsozialistischen Rassenlehre, bezeichnet die „Herrenrasse", die ihrer Meinung nach allen anderen Volksgruppen überlegen war.

Asyl Zufluchtsort oder auch Schutz vor Gefahr und Verfolgung.

Auschwitz → KZ und → Vernichtungslager im besetzten Polen, damals zum Reichsgebiet gehörend. In Auschwitz wurden 1,1 Mio. Menschen ermordet, die Mehrzahl unter ihnen Juden.

Bombenkrieg in Münster Münster lag in der Einflugschneise der Bomber und wurde stark zerstört.

Boykott Am 1. April 1933 organisierten die Nationalsozialisten einen Boykott jüdischer Geschäfte und Warenhäuser. Dabei hinderten NSDAP-Posten die Kunden am Betreten der Geschäfte. Vielfach wurden die Geschäfte mit Parolen beschmiert oder mit Plakaten versehen.

Buchenwald Das → KZ Buchenwald gehörte zu den größten KZs auf deutschem Boden. Es wird geschätzt, dass dort ca. 56.000 Menschen umgebracht wurden, darunter 11.000 Juden.

Denunziation Aus unehrenhaften Beweggründen erfolgende Anzeige, durch die jemand einer strafbaren Handlung beschuldigt wird.

Deportationen Mit der Bahn wurden Juden aus dem Deutschen Reich in die → Ghettos sowie → Konzentrations- und → Vernichtungslager in Osteuropa transportiert.

Endsieg Illusionäre Beschwörungsformel der Nationalsozialisten, um die Stimmung trotz negativem Kriegsverlauf aufrecht zu erhalten.

Eisernes Kreuz Deutsche Kriegsauszeichnung.

Evakuierung Räumen von Gebieten bei Gefahr.

Fremdarbeiter Bezeichnung für ausländische Arbeitskräfte, überwiegend → Zwangsarbeiter.

Gaskammer Im Zweiten Weltkrieg wurden Gaskammern in → Vernichtungslagern eingesetzt, um massenhaft Menschen zu ermorden.

Gestapo Abkürzung für Geheime Staatspolizei, die politische Polizei des Nazi-Regimes.

Ghetto Abgetrennte jüdische Wohnviertel im besetzten Osteuropa.

Großdeutsches Reich Nach dem Anschluss Österreichs 1938 an das Deutsche Reich sprach man offiziell vom „Großdeutschen Reich".

Herrenmenschentum/Herrenmensch/Herrenrasse → Arier

Hitler, Adolf 20. April 1889–30. April 1945: ab 1921 Parteichef der NSDAP, ab 1933 Reichskanzler und ab 1934 (nach dem Tode des Reichspräsidenten Paul von Hindenburg) „Führer und Reichskanzler".

Holocaust Griechisch für Brandopfer. Bezeichnung für die Judenvernichtung. Sie geschah im Osten Europas durch Massenerschießungen und Vergasung in Gaskammern, u.a. in → Auschwitz.

Jahrzeit Jährliches Begängnis des Todestages eines Gläubigen.

Judenemanzipation Rechtliche und bürgerliche Gleichstellung der Juden, erreicht im 19. Jahrhundert.

Judenfrage Kampfbegriff der antisemitischen Bewegung. Seit der Diskussion um die → Judenemanzipation im 19. Jahrhundert wurden unter dem Begriff „Judenfrage" die Folgeprobleme, die sich aus der Emanzipation ergaben, verstanden.

Judenpolitik Im Gegensatz zu der weitverbreiteten Meinung zielte die Politik der Nationalsozialisten zunächst nicht auf die Vernichtung der Juden. Sie war zunächst auf Entrechtung angelegt mit dem Ziel, die Juden zu vertreiben. Ein Hauptproblem bei der Vertreibung war, dass es zuwenig Länder gab, die bereit waren, Juden aufzunehmen. Ab 1941 änderte sich die Politik. Es begann die systematische massenhafte Ermordung.

Judenrein/judenfrei Bereiche, Orte und Regionen wurden als „judenfrei" oder „judenrein" deklariert, nachdem die dortigen Juden deportiert oder vertrieben worden waren bzw. diese Bereiche „arisiert" worden waren.

Judenstern Der gelbe Judenstern mit der Aufschrift „Jude" war von September 1941 an sichtbar zu tragen.

Jüdische Häuser/Judenhäuser Als Judenhäuser wurden Häuser bezeichnet, in die Juden zum Wohnen eingewiesen wurden.

Jüdische Kriegsteilnehmer im Ersten Weltkrieg Viele Juden waren deutschnational eingestellt – wie ihre deutschen Mitbürger. 100.000 Juden nahmen am Ersten Weltkrieg teil.

Kantor Bezeichnung für den Vorbeter in einer Synagoge oder einer jüdischen Gemeinde.

Kapitalistenzertifikat Eine Art Visum, um nach Palästina einwandern zu können.

Konzentrationslager (KZ) Internierungslager nach der Machtübernahme der Nationalsozialisten für politische Gefangene, Juden, Homosexuelle, so genannte „Berufsverbrecher" und „Asoziale". Neben die Internierungslager trat ab 1941 der Typus der → Vernichtungslager.

Kreisleiter Führte die NSDAP auf Kreisebene und war dem Gauleiter untergeordnet.

Lebensmittelkarte Teilte die knappen Lebensmittel im Krieg zu.

Lodz/Litzmannstadt Die polnische Stadt Lodz wurde 1940 in Litzmannstadt umbenannt. Am 8. Februar 1940 wurde das → Ghetto Lodz errichtet.

Lyzeum Mädchengymnasium.

Nazi Abkürzung für ein Mitglied der nationalsozialistischen Partei.

NSDAP Nationalsozialistische Deutsche Arbeiterpartei; von 1933 bis 1945 einzige offiziell bestehende politische Partei und Teil des Machtinstrumentariums von Adolf Hitler.

Nürnberger Gesetze „Rassegesetze" zur Diskriminierung der Juden.

Ortsgruppenleiter Stand einer Ortsgruppe der NSDAP vor.

Palästina Gebiet des heutigen Israel, gelobtes Land der → Zionisten. Nach 1933 war Palästina ein Auswanderungsland für flüchtende Juden aus Deutschland. Allerdings waren die Einwanderungsquoten niedrig.

Pflichtjahr Das Pflichtjahr wurde 1938 von den Nationalsozialisten für Frauen unter 25 Jahren eingeführt. Sie mussten für ein Jahr Dienst in der Haus- oder Landwirtschaft leisten.

Pimpf Junge Mitglieder der Hitler-Jugend (HJ). Die HJ war die einzig zugelassene Jugendorganisation.

Pogrom Gewaltsame Massenausschreitung.

Prior Klostervorsteher.

Propagandapparat System zur Verbreitung der nationalsozialistischen Ideologie über Rundfunk, Film und Massenveranstaltungen.

SA (Sturmabteilung) Uniformierte und bewaffnete Kampf-, Schutz- und Propagandatruppe der NSDAP.

Sachsenhausen Ein → KZ nahe Berlin. Nach Sachsenhausen wurden 200.000 Häftlinge deportiert, mehrere zehntausend wurden ermordet.

Schabbat Sabbat, jüdischer Feiertag, beginnt am Freitagabend und endet am Samstagabend.

Schutzhaft Inhaftierung ohne Haftbefehl und justizförmiges Verfahren, meist in → Konzentrationslagern.

Sippenhaftung Sippenhaftung meint zu NS-Zeiten die Bestrafung eines Menschen für die Straftat eines anderen „Sippenangehörigen", also Verwandten.

Spanische Inquisition Sie wurde 1478 eingerichtet, um Juden aufzuspüren und zu bestrafen, die zum Christentum konvertiert waren, aber verdächtigt wurden, insgeheim ihre vorherige Religion weiter auszuüben.

SS (Schutzstaffel) Die SS wurde zum persönlichen Schutz Hitlers gegründet. Im Krieg führte die SS den Holocaust durch.

Synagoge Jüdisches Versammlungs- und Gotteshaus, vor allem für den Gottesdienst.

Totaler Krieg Totale Mobilisierung, um den Krieg zu gewinnen.

Thora Heilige Schrift des Judentums, die fünf Bücher Mose.

Transporte → Deportationen.

Überfall auf Polen 1939 Beginn des Zweiten Weltkriegs.

Vernichtungslager Lager, in dem Juden in Gaskammern massenhaft ermordet wurden.

Zionisten Politische Bewegung, die für einen jüdischen Staat im Gebiet von Palästina eintrat.

Zwangsarbeiter Während des Zweiten Weltkriegs wurden zwischen 7 und 11 Millionen ausländische Menschen zur Zwangsarbeit im Deutschen Reich genötigt.

Daten zur Familiengeschichte Marga Spiegels

Marga Spiegel, 1914 in Bad Hersfeld/Hessen geboren; nach Heirat mit Siegmund Spiegel 1937 Umzug in das westfälische Ahlen. Februar 1943 bis April 1945 mit Mann und Tochter Karin versteckt bei fünf Bauernfamilien im Münsterland. Ihr Überlebensbericht „Retter in der Nacht" (1969) erscheint 1999 in 3. erweiterter Auflage und 2009 in 5. überarbeiteter Auflage im LIT Verlag; 2005 Ehrenmitglied der Deutsch-Israelischen Gesellschaft; 2008 Ehrenmedaillle der Stadt Ahlen; lebt heute in Münster.

1899–1982 Siegmund Spiegel, Ehemann Marga Spiegels

21. Juni 1912 Marga Rothschild geboren

1914–1918 1. Weltkrieg
Sowohl der Vater wie auch der spätere Ehemann Marga Spiegels sind Frontsoldaten

3. September 1914 Benno Rosenstock, Bruder der Mutter, fällt im Weltkrieg

1918–1931/32 Schulbesuch Marga Rothschilds: Privatschule Adele Dippel, Lyzeum in Hersfeld, Gymnasium in Frankfurt

1932/1933

1932/33 Ein Semester Studium der Mathematik und Physik an der Universität Marburg

30. Januar 1933 „Machtergreifung" Hitlers

19. März Schächtverbot durch den Landrat des Kreises Ziegenhain erzwingt Änderung der Essensgewohnheiten

1. April Boykott jüdischer Geschäfte

1935/1936

31. August 1935 „Offensive gegen das Judentum" in Ahlen eröffnet: „nicht eher zu ruhen und zu rasten, bis Ahlen frei von Juden ist"

15. September „Nürnberger Gesetze": Reichsbürgergesetz und „Gesetz zum Schutze des deutschen Blutes und der deutschen Ehre"

14. November Aberkennung des Wahlrechtes und der öffentlichen Ämter. Definition des „Juden"

12. Juli 1936 Einrichtung des KZ Sachsenhausen, in dem genau zwei Jahre später Marga Spiegels Vater umkommt

1937

8. Januar Heirat Marga Rothschilds mit Siegmund Spiegel in Oberaula, dann Übersiedlung nach Ahlen

18. März Tod von Cilly Rothschild, der Mutter. Sie wird zusammen mit David Wallach als letzte auf dem jüdischen Friedhof von Oberaula bestattet

1937/38 „Arisierung" der Wirtschaft, darunter auch des elterlichen Geschäftes in Oberaula

1938

14. Januar Geburt der Tochter Karin

13. März Anschluss Österreichs an das Reich

23. Juni Zwangsnamen Sara und Israel für Juden beschlossen, die ab 1. September 1938 zu tragen waren

12. Juli Tod von Siegmund Rothschild im KZ Sachsenhausen-Oranienburg

5. Oktober Einziehung der Reisepässe, Ausstellen neuer Pässe nur mit Aufdruck „Jude"

9./10. November Novemberpogrom auch in Oberaula und Ahlen

12. November „Sühneleistung" für die deutschen Juden in Höhe von 1 Milliarde Mark.
Verordnung zur Ausschaltung der Juden aus dem Wirtschaftsleben
Verbot des Besuches von Theatern, Kinos, Konzerten und kulturellen Veranstaltungen

1939

30. Januar Hitler prophezeit vor dem Reichstag im Falle eines Krieges „die Vernichtung der jüdischen Rasse in Europa"

30. April Gesetz über Mietverhältnisse mit Juden: Vorbereitung zur Zusammenlegung von Juden in „Judenhäusern"

1. September Überfall Hitlers auf Polen: Beginn des 2. Weltkrieges.

5. Oktober Ausweisung aller Juden aus Ahlen innerhalb einer Woche. Die Familie Spiegel übersiedelt nach Dortmund ins „Judenhaus" Westenhellweg 91–93

1940/1941

10./12. Februar Erste Deportationen aus dem „Altreich" nach Polen

1941 Einrichtung von Ghettos im Osten. Deportationen und vielerorts Judenmassaker

Frühjahr Familie Spiegel in einer Baracke in Dortmund-Deusen Oesterholzstraße 80

31. Juli Göring beauftragt Heydrich mit der Evakuierung aller europäischen Juden: Beginn der „Endlösung"

1. September Polizeiverordnung über Einführung des Judenstern im Reich ab 19. September

Oktober Marga Spiegel im Krankenhaus Kirchlinde: Leichenvergiftung infolge Fehlgeburt

23. Oktober Verbot der Auswanderung für Juden

27. Oktober Inge Johanna Spiegel geb. Rothschild, die einzige Schwester Marga Spiegels, wird von Essen aus nach Lodz deportiert. Ihre Spur verliert sich in Lodz

13. Dezember Beginn der Deportationen auch aus Westfalen

17. Dezember Die Alliierten versprechen, die Ausrottung der Juden zu sühnen

1942

20. Januar Sog. Wannseekonferenz zur Durchführung der „Endlösung"

29. April Judenstern in den Niederlanden eingeführt

27. Mai Attentat auf Reinhard Heydrich, Reichsprotektor in Prag

7. Juni Judenstern in den besetzten Gebieten Frankreichs eingeführt

10. Juni Lidice, Dorf 15 km nw von Prag dem Erdboden gleichgemacht als Rache für die Ermordung von Heydrich, alle Männer ermordet, dazu 71 Frauen. Die übrigen Frauen kommen ins KZ Ravensbrück, die Kinder in „Erziehungsanstalten".

1943

31. Januar/2. Februar 1943 Der Kampf um Stalingrad endet mit der Kapitulation der 6. Armee: Wende des Krieges im Osten

28. Februar Aufforderung an die Familie Spiegel, sich (für den Transport nach Auschwitz) zu melden. Die Familie taucht im südlichen Münsterland unter

17. März Siegmund Spiegel muss erstmals das Quartier wechseln: er geht von Dolberg nach Nordkirchen (Bauer Pentrop)

19. April/ 16. Mai Aufstand und Vernichtung des Warschauer Ghettos

2. November Siegmund Spiegel wechselt von Nordkirchen (Bauer Pentrop) nach Ascheberg (Bauer Sickmann)

23. Dezember Siegmund Spiegel geht von Ascheberg (Bauer Sickmann) nach Nordkirchen (Bauer Silkenbömer)

1944

23. Mai Nächtliche Hausdurchsuchung durch zwei Gendarmen bei Pentrops in Nordkirchen nach einer „unangemeldeten Person" durch die Kaltblütigkeit des Bauern verhindert.

24. Mai Marga Spiegel fährt mit dem Rad samt Tochter zu Sickmanns nach Werne

6. Juni Beginn der Invasion der Alliierten in der Normandie

20. Juli Attentat auf Hitler

27. Oktober Marga Spiegel erhält in Münster Papiere und damit eine offizielle Identität

1945

27. Januar Auschwitz wird befreit

Ostersonntag Befreiung der Familie Spiegel durch amerikanische Truppen. Rückkehr nach Ahlen

8. Mai Bedingungslose Kapitulation Hitlerdeutschlands

Nachkriegszeit

25. September 1945 Anklageerhebung gegen die Haupttäter der Pogromnacht in Ahlen

28. Mai 1946 Sohn Daniel geboren

6. Juli 1948 Verurteilung der Täter von der Ia Strafkammer des Landgerichts Münster

23. Februar 1950 Aufgrund des Straffreiheitsgesetzes vom 31. 12. 1949 wird der Haupttäter vom OLG Hamm amnestiert

Marga Spiegel gehörte zu den ersten Überlebenden, die ihre traumatischen Erlebnisse zu Papier brachten. Wie viele ihrer Leidensgenossinnen und -genossen bedurfte es großer Überwindung, die Geschehnisse niederzuschreiben. Die Erinnerungen wurden zuerst in 17 Folgen in der münsterischen Bistumszeitung „Kirche und Leben" veröffentlicht. 1969 erschienen sie als Buch unter dem Titel: „Retter in der Nacht", die vom LIT Verlag 1999 als hier beschriebene umfangreiche, kommentierte Ausgabe veröffentlicht wurden. Diese Ausgabe verlängert die Erinnerungen Marga Spiegels in die Zeit ihrer Kindheit und Jugend in ihrem Heimatdorf Oberaula im ehemaligen Kreis Ziegenhain. Eingeschlossen ist auch ihr Leben als junge Ehefrau und Mutter in der westfälischen Mittelstadt Ahlen. Sie hat mittlerweile mehrere Auflagen erlebt und umfaßt die umfangreichste Dokumentation. Sie enthält einen umfangreichen Kommentar von Dieter Aschhoff, ein Nachwort über das Unbegreifliche von Imo Moszkowicz, dessen Beharrlichkeit der Film sein Entstehen verdankt und auf dessen Überlegungen das Drehbuch im Wesentlichen beruht. Das Buch ist als ergänzende Lektüre dringend zu empfehlen:

Marga Spiegel

Retter in der Nacht

Wie eine jüdische Familie in einem münsterländischen Versteck überlebte.

Herausgegeben und kommentiert von
Diethard Aschoff

5. Aufl. LIT Verlag 2009, 232 S., 16,80€, br.,
ISBN 978-3-8258-3595-8
Zu beziehen über jede Buchhandlung oder den Verlag.

Marga Spiegel – Gedankensplitter

Der Regisseur hat einen „leisen Film nach italienischem Vorbild“ (Ludi Boeken in einem Brief an mich vom Herbst 2008) drehen wollen, und es ist ihm geglückt. Was mir am besten gefällt, sind die diffusen Bilder, die verschwommen ruhig daherkommen und das freie Denken anregen. Es ist kein gewalttätiger Film: „Das sind doch auch Menschen!“, haben die Bauern gefühlt, gesagt und bezeugt. Die Bauern haben die Gefahr auf sich genommen, auch wenn sie anscheinend überhaupt nicht politisch gedacht haben.

Vielleicht, wenn nun das Buch gelesen und der Film gesehen wird, geschieht dies zur rechten Zeit. Es geht weniger um Unterhaltung und schon gar nicht nur um einen „Tatsachenbericht“. Meine Gedanken gehen so: Ich möchte das Buch als Mahnung zur Wachsamkeit verstehen. „Es ist im Moment so viel los von rechts und links“, schreibt mir ein Enkel der Familie von Bauer Aschoff, der jetzt im Osten lebt. „Wir merken hier, wie schwer es ist, diesem rechten Gedankengut im Alltag zu widersprechen.“

Bis ans Ende meiner Tage werde ich nicht verstehen, wie der Holocaust in einem Land mit „tüchtigen“ Menschen, Denkern, Dichtern, Ingenieuren und Erfindern passieren konnte, ohne jedes Eingreifen. Jetzt ist bei mir der Schluss zum Erkennen da auf die Frage: Wie war das möglich?

Es war möglich, weil die von Hitler propagierte und programmierte Ausrottung den Leuten passte, weil jeder „seinen Juden“ loswerden wollte: der Banker die Rothschilds, der Kaufmann den Konkurrenten, usw. – Von der Schulbank aus hatte jeder „seinen“ Juden. Wenn so viele sagten:

„Wir hatten Angst und konnten nichts tun!" – da war es schon zu spät; denn in ihrer beschworenen Angst wussten sie schon, dass da etwas grauenvoll Konkretes seinen unheimlichen Gang nahm, sahen sie die durch die Straßen getriebenen Menschen, junge und alte, bemerkten das Fehlen des Kollegen im Betrieb, der Banknachbarin in der Schule. Für meinen Mann war es nach dem Krieg selbstverständlich, nach Ahlen zurückzukehren. Das Leben mit den Bauern war sein Leben. Meine Kinder, Karin und Daniel, die vor und nach dem Krieg geboren wurden, wollten nicht in Deutschland bleiben.

Daher zitiere ich mit Absicht Heinrich Heine, der Deutschland verlassen hatte und vor Heimweh fast umkam. Seine „Nachtgedanken" (1843) eröffnet die traurige Feststellung: „Denk ich an Deutschland in der Nacht, dann bin ich um den Schlaf gebracht". Bereits einige Jahre vorher formulierte er die unheilvolle Gewissheit: „Dort, wo man Bücher verbrennt, verbrennt man am Ende auch Menschen!" Wer Bücher verbrennt, wie im Mai 1933 im nationalsozialistischen Deutschland in über 20 Universitätsstädten geschehen, greift auf den Bestand des geistigen Lebens seiner Zeit zu und will ihn vernichten. Bei Bücherverbrennungen ist das Ende schon da: Sie waren und sind immer ein Fanal vom Ende. Alles andere, was dann geschieht, ist immer dieselbe Sache, nur unter anderen Vorzeichen.

Vor diesem Hintergrund sehe ich die Bereitschaft der Retterfamilien dramatisch neu. 38 Menschen wären bei Aufdeckung dem Tod ausgeliefert worden. Ich habe sie immer wieder gezählt. Das hat mich betroffen gemacht. Die einen hatten sechs Kinder, die anderen acht – ich konnte kaum noch atmen, als ich auf der Toilette den Papierzettel entdeckte von einer niederländischen Familie, die, weil sie jüdischen Verfolgten geholfen hatte, erbarmungslos bestraft und selbst ausgerottet worden war.

Jeder hatte „seinen Juden“, das passte jedem in den Kram: Das musste mal gesagt werden. Unseren Laden (sowohl in Oberaula als auch in Ahlen) hat man auch sofort ausgenutzt. Und doch stimmt es nicht ganz; denn es war eben zum Glück nicht jeder wie „jeder“. Es gab/gibt welche, denen das Menschsein höchstes Gut bleibt, was auch geschieht. Lichtblick war und ist für mich die Zusage der Bauernfamilien, uns zu retten gegen alle Gefahr.

Diese Beobachtung zu schärfen, das könnte auch andere beschäftigen. Vor allem die Jugendlichen scheinen heute eine Antenne für Recht und Unrecht zu entwickeln. Ich würde mich glücklich fühlen, wenn das Buch und der Film zur Wachsamkeit aufrufen und verhelfen könnten.

Soweit einige meiner Gedanken, die ich dem Buch zum Film mit auf den Weg gebe.

Zum Schluss möchte ich allen am Projekt Beteiligten danken. Ich kann nicht alle erwähnen, doch einige darf ich nennen:

Imo Moszkowicz, der wie ich in Ahlen lebte und schon vor 10 Jahren die Idee hatte, aus dem Buch einen Film zu machen, Professor Diethard Aschoff, der mir bei der Erweiterung meines Buches unter dem Titel „Retter in der Nacht“ selbstlos behilflich war, so dass es zum 100. Geburtstag meines Mannes im Mai 1999 im Lit Verlag erscheinen konnte (es enthält eine längere Fassung, weiteres Material und einen ausführlichen Kommentar von Prof. Aschoff. Ich empfehle es dem interessierten Leser); dem Regisseur Ludi Boeken und dem Produzenten Joachim von Mengershausen für die einfühlsame Zusammenarbeit.

Mit ihnen danke ich allen, denen das Buch und der Film am Herzen liegen. In vielen Gesprächen in Rathäusern und an Schulen habe ich versucht, in diese Richtung zu wirken: Gebt den Anderen, den Fremden und Andersdenkenden, ihr Recht; denn sie sind doch auch Menschen!

Den Nachgeborenen zur Erinnerung

im Gedenken
an meine Mutter, deren Herz den
Aufregungen der Verfolgungszeit
nicht standhielt,

an meinen Vater, der im KZ Oranienburg,
ich weiß nicht wie, ums Leben kam,

an meine einzige Schwester, die im KZ
Auschwitz-Birkenau ermordet wurde,

gewidmet meiner Tochter,
deren Vater das unmöglich Scheinende
versucht hat, sein Kind und seine Frau
vor dem sicheren Tod zu retten.

Meinem Mann.

Stolpersteine vor dem Geburtshaus von Marga Spiegel in Oberaula.
Zum Gedenken
- an ihren Vater Siegmund Spiegel (ermordet am 12.7.1938 im KZ Sachsenhausen-Oranienburg)
- an ihre Schwester Inge Johanna Spiegel geb. Rothschild, deportiert 27.10.1941 (1942 ermordet in Auschwitz)